Fidelis Ruppert

Gelassen
im Trubel des Lebens

Bibliographische Information der Deutschen Nationalbibliothek

Die Deutsche Nationalbibliothek verzeichnet diese Publikation in der Deutschen Nationalbibliographie. Detaillierte bibliographische Daten sind im Internet über http://dnb.d-nb.de abrufbar.

FSC
www.fsc.org
MIX
Papier aus verantwortungsvollen Quellen
FSC® C014889

1. Auflage 2016

Covergestaltung: Thomas Uhlig, www.coverdesign.net
Covermotiv: shocky / Fotolia.com
Druck und Bindung: Pustet, Regensburg
ISBN 978-3-7365-0011-2

www.vier-tuerme-verlag.de

Fidelis Ruppert

Gelassen im Trubel des Lebens

Mit Psalmen Kraft für den Alltag finden

Vier-Türme-Verlag

Inhalt

Ein Wort zum Geleit

Wenn wir im Jahre 2016 auf die 1200-jährige Geschichte unserer Klostergemeinschaft zurückblicken, dann schauen wir auf viele Höhen und Tiefen, auf Glanzzeiten und Epochen des Niedergangs, auf Zeiten des Aufbruchs und der Zerstörung. Zu diesem Jubiläum erscheint im Vier-Türme-Verlag einiges, das sich mit der Klostergeschichte beschäftigt und auseinandersetzt.

Im hier vorliegenden Buch hat Pater Fidelis in den Kapiteln »Osternacht im Krieg« und »Ein Kloster in der Sturmflut« zwei Episoden aus der schmerzlichen Zeit der Klosteraufhebung während der Nazizeit ausgewählt und gezeigt, wie damals Mitbrüder und Menschen in ihrem Umfeld jene oft hoffnungslosen Situationen als geistliche Herausforderung angenommen und aus ihrem Glauben heraus kreativ bewältigt haben.

Zusammen mit den in den anderen Kapiteln berichteten Glaubenserfahrungen hat Pater Fidelis in »Gelassen im Trubel des Lebens« einige Lichter aufgesteckt, die uns helfen, in den Umbrüchen und Turbulenzen unserer Zeit – hier im Kloster und auch sonst in Kirche und Welt – getrost weiterzugehen.

Ein geistliches Geschenk für unser Jubiläum und weit darüber hinaus.

Abt Michael Reepen OSB

Hinführung

Was hat geholfen?

»Was hat Ihnen bei Problemen oder Schicksalsschlägen geholfen?«, fragen wir manchmal bei Kursen, wenn es um einen Rückblick auf das eigene Leben geht. Nach einer stillen Zeit für Selbstreflexion tauschen sich die Teilnehmer in Kleingruppen darüber aus. Es ist erstaunlich, wie lebhaft es dann zugeht, wie offen über sehr persönliche Erfahrungen gesprochen wird und wie es geradezu Freude zu machen scheint, diese Erfahrungen mitzuteilen. Manchmal sagt jemand, dass er das oder jenes noch nie jemandem erzählt habe, sich jetzt aber traue, gelegentlich sogar vor dem Plenum der ganzen Gruppe.

Wie ist das möglich? Meistens erinnern wir uns im Zusammenhang mit Lebensproblemen oder Schicksalsschlägen vor allem an die Schmerzen und das Leid. Dass diese Situationen auch positive Aspekte hatten, dass wir dabei auch positive Erfahrungen machen durften, bleibt von der Erinnerung her eher im Hintergrund.

Es erzählte mir einmal jemand, dass er einen Gesprächspartner hatte, der immer und immer wieder seine lange Leidensgeschichte erzählte. Eines Tages versuchte er, dem Gespräch eine andere Wendung zu geben, und sagte: »Sagen Sie mal, wie haben Sie es denn angestellt, dass Sie trotz all der Probleme immer noch leben?« Nach kurzem verdutzten Schweigen begann der andere immer lebhafter zu berichten, welche Überlebensstrategien er angewendet habe, um sein Leben erträglich zu machen. Er berichtete von einer Menge positiver Erfahrungen. Jetzt konnte eine positive Lebensspur weiterverfolgt werden.

Ähnlich ist es bei diesen Gruppengesprächen. Vielen wird erst in diesem Moment so recht bewusst, wie viele positive Erfahrungen sie gerade in schwierigen Situationen gemacht haben und dass diese Erfahrungen Ressourcen sind, auf die sie bei künftigen Problemen zurückgreifen können. Dabei geht es in den wenigsten Fällen darum, dass man sich mit einem psychologischen oder geistlichen »Trick« das Problem vom Hals hält oder es auf kurzem Weg wieder loswird.

Häufig berichten die Teilnehmer von schmerzlichen und extremen Situationen, die über längere Zeit andauerten und trotzdem mit einer inneren Kraft getragen oder überwunden werden konnten. Oft höre ich dann Bemerkungen wie: »Da habe ich viel gelernt!« »Ich war überrascht, woher ich die innere Kraft hatte.« »Das hat meinem Glauben und Beten eine neue Tiefe gegeben.« Man hat also nicht nur eine krisenhafte Situation überstanden, sondern ist daran sogar gewachsen. Die Krise war auch ein Wachstums- und Lernprozess für die Zukunft.

Allerdings kann man das meistens erst in der Rückschau so sehen. Während man mitten in einer schwierigen Situation steckt, spürt man nur den Schmerz oder die Ausweglosigkeit. Je häufiger wir uns aber solch positive Erfahrungen bewusst machen, desto mehr kann diese Erinnerung zu einem Instrument werden, kleine und große Schwierigkeiten, die neu oder immer wieder auftauchen, kreativer anzugehen, mit ihnen bewusster umzugehen.

Hilfreich und anregend können auch Erfahrungen anderer Menschen sein. Daher möchte ich in den folgenden Kapiteln Impulse aus dem Buch der Psalmen des Alten Testaments, also die Erfahrungen von Menschen, die vor mehr als 2000 Jahren gelebt haben, aufnehmen und für schwierige Situationen heute fruchtbar machen.

Psalmworte als Heilmittel

Die 150 Psalmen, die im Alten Testament ein eigenes Buch bilden, haben auch das geistliche Leben der Christen bis auf den heutigen Tag nachhaltig beeinflusst. Schon die Wüstenmönche Ägyptens haben im 4. und 5. Jahrhundert diese jüdische Gebetssammlung zu ihrem bevorzugten Gebetbuch gewählt, und noch heute sind die Psalmen der Hauptbestandteil der Gebetbücher der Mönche.

Wie kam das? Wieso haben christliche Mönche eine jüdische Gebetssammlung in den Mittelpunkt ihres Betens gestellt? So ganz genau wissen wir es nicht, aber wir können es erahnen. Von Erzbischof Athanasius von Alexandrien (295–373), der enge Beziehungen zur frühen Generation der Wüstenmönche hatte, stammt ein langer Brief an seinen Freund Marcellinus über das rechte Beten der Psalmen, in dem Athanasius offensichtlich auf die Erfahrungen der ägyptischen Mönche zurückgreift.[1] Athanasius legt dar, dass sich die Texte der Psalmen von den anderen Büchern der Bibel dadurch unterscheiden, dass sie nicht Geschichten über Gott und sein Volk erzählen oder Anweisungen zum rechten Leben geben, sondern dass in den Psalmen ein Mensch ganz persönlich zu Gott spricht. Es werden keine Wahrheiten transportiert, sondern hier stellt ein Mensch sein persönliches Leben offen vor Gott hin. Dabei bringen die Psalmen die ganze Palette menschlicher Gefühlsregungen zur Sprache: von Freude und Jubel bis hin zu Trauer, Zweifel und Klage gegenüber Gott. Alle nur denkbaren Lebenssituationen und die damit verbundenen Emotionen und Bewegungen der Seele kommen in den Psalmen vor und werden laut oder gar singend vor Gott ausgesprochen. Der Beter soll nun diese Worte aussprechen, als wären sie seine eigenen. Athanasius erläutert dazu: »Ich jedenfalls meine, dass die Psalmen auf den, der sie singt, wie ein Spiegel wirken: Er kann sich selbst und die inneren

Regungen seiner Seele in ihnen wahrnehmen und sie aufgrund dieser Wahrnehmung dann aussprechen.«[2] Der Beter spricht also die Worte der Psalmen als Ausdruck seines Inneren. Wenn der Psalm von Freude oder Trauer erzählt, dann bringt der Beter damit seine eigene Freude oder Trauer zum Ausdruck. Im Aussprechen oder Singen wird ihm bewusst, was in seiner eigenen Seele vor sich geht, und mit diesem lauten Aussprechen ist es auch schon der erste Schritt zu einer Heilung der Seele. Zugleich findet er in den Psalmen auch Hinweise, wie er mit seinem Schmerz und seiner Freude, seinem Versagen und seiner Schuld, seinem Zorn oder seiner Einsamkeit konkret umgehen kann, um seine Seele immer mehr zu reinigen und zu befrieden.[3]

Deshalb ist der Psalter, die Sammlung der 150 Psalmen, für die Mönche nicht nur ein Gebetbuch, sondern ein Instrument der Selbsterkenntnis[4] und der Reinigung und Heilung der Seele, weil die Psalmen dem Beter helfen – oder ihn gelegentlich auch zwingen –, die positiven und negativen Bewegungen seiner Seele wahrzunehmen und sich damit auseinanderzusetzen.

Die Wirkung dieser Konfrontation mit den Psalmen entsteht vor allem dadurch, dass diese Gebete nicht nur gelegentlich gesprochen werden, sondern dass jeden Tag eine große Anzahl von Psalmen gebetet wird. Sie werden also beständig wiederholt. Die Benediktsregel schreibt vor, jede Woche alle 150 Psalmen zu beten, und auch heute, wo das Pensum etwas verringert wurde, werden die meisten Psalmen jede Woche gebetet und die übrigen mindestens jede zweite Woche. Die Welt der Psalmen ist also täglich präsent und wirksam im mönchischen Alltag. Und manchmal wundere ich mich über mich selbst, dass mir das Psalmenbeten nicht langweilig wird. Ich wundere mich vor allem darüber, dass mir auch jetzt noch, nach mehr als fünfzig Jahren Psalmenbeten, ständig Worte und Bilder aus diesen Texten neu aufgehen, sie Licht auf aktuelle Situationen werfen und so beständig den Alltag und meinen geistlichen Weg beeinflussen.

Der Alltag als Ort der Gottesbegegnung

Die Psalmen spielen jedoch nicht nur in der Liturgie eine Rolle. Ihre Wirkung auf den Alltag erhalten sie vor allem dadurch, dass sich die Mönche einzelne Psalmen oder Psalmverse auswählten, die zu ihrem aktuellen Problem passten. So konnte beispielsweise jemand, der von Ängsten oder Traurigkeit geplagt wurde, ein Vertrauenswort auswählen, das er auch tagsüber, besonders dann, wenn die Angst aufkam, wiederholte, damit es sich immer tiefer einprägte und so das Gottvertrauen immer tiefer in der Seele verankerte.[5]

Das Psalmgebet führt also mitten in die Themen des Alltags, weil dieses Beten nicht nur ein Aussprechen frommer Worte ist, sondern dem Beter einen Spiegel vorhält und ihn herausfordert, sich mit dem Unaufgeräumten in seiner Seele, mit dem inneren Durcheinander auseinanderzusetzen; nur so kann er allmählich in einen inneren Frieden finden. Man nennt diesen Weg der Mönche auch eine »Spiritualität von unten«: Sie kreist zunächst nicht um hehre geistliche Ziele, sondern setzt bei der Alltagswirklichkeit an, nimmt die Schwächen und Turbulenzen der Seele in den Blick, um sie zu reinigen, damit sie für tiefere geistliche Erfahrungen bereitet wird: »Der geistliche Weg zur Kontemplation und zum Einswerden mit Gott geht über die Auseinandersetzung mit den Gedanken (gemeint ist das gedankliche und emotionale Durcheinander) und Leidenschaften.«[6]

In der Tradition des Mönchtums spricht man in diesem Zusammenhang auch vom geistlichen Kampf, bei dem es nicht um äußere Kämpfe geht, sondern um die Auseinandersetzung mit den eigenen inneren Themen.[7] Wie eng dieser geistliche Kampf mit dem Beten der Psalmen verbunden ist, zeigt sich beispielsweise in einer illustrierten Psalmenhandschrift aus dem 12. Jahrhundert, dem sogenannten Albani-Psalter.[8] Vor Beginn von Psalm 1 ist ein Text über den geistlichen

Kampf eingefügt, der offensichtlich als Deutung für den Umgang mit dem Psalter gedacht ist, zumal sich dieser Text im freien Raum um die prächtig illustrierte Initiale von Psalm 1 herumrankt, sich also geradezu mit ihr verzahnt. Darüber sieht man zwei waffenstrotzende Ritter hoch zu Ross, die mit Schwertern aufeinander einschlagen. Der Text erläutert aber, dass diese kämpferische Szene einen geistigen und geistlichen Sinn hat, wenn er sagt: »In unserem Geist müssen wir jegliche Kunst beherrschen, die diese beiden Krieger mit ihrem Körper üben.«[9] Und weiter heißt es: »Diesen Krieg ... bedenken gute Klosterleute Tag und Nacht, und jeder gläubige Schüler bewahrt sein Herz mannhaft, nüchtern und keusch.«[10] Sowohl die Klosterleute wie auch jeder gläubige Schüler, also jeder, der auf dem Weg des Glaubens ist, steht Tag und Nacht in dieser Auseinandersetzung. Dieser Kampf gehört wesentlich zum Leben und zur Praxis des Glaubens.

Man könnte nun fragen, ob das alles nicht zu kriegerisch klingt und Menschen eher abschreckt als einlädt. Der Einwand ist verständlich, aber beim geistlichen Kampf geht es eben nicht darum, sich in irgendwelche Auseinandersetzungen zu treiben, sondern sich bewusst zu machen, dass wir immer schon in solchen inneren Auseinandersetzungen stehen. Schon in Hiob 7,1 findet sich die uralte Frage: »Ist nicht Kriegsdienst des Menschen Leben auf der Erde?« Dabei spielt Hiob nicht auf einen realen Krieg an, sondern auf die ständig bedrängenden Situationen unseres Lebens, die uns nicht zur Ruhe kommen lassen. Die Lehre vom geistlichen Kampf will nun gerade dabei helfen, diese unausweichlichen Auseinandersetzungen nicht nur zu bestehen, sondern sie als Chance für geistliches Wachstum zu verstehen und zu leben.

Auch in außerchristlichen Religionen und Traditionen wird vom geistlichen Kampf gesprochen, etwa bei den indigenen Völkern, im Buddhismus und Hinduismus. Ein besonders sprechendes Beispiel ist die Baghavad-Gita[11], die bekannteste Schrift des Hinduismus,

Albani-Psalter, Seite 72, 12. Jahrhundert, Abtei St. Alban, Hertfordshire
© Dombibliothek Hildesheim HS St. God 1 (Eigentum der Basilika St. Godehard, Hildesheim)

die auch einen Mann wie Mahatma Gandhi wesentlich geprägt hat. Als Ort für diese Belehrung über den geistlichen Kampf dient in der Gita nicht der heilige Raum eines Tempels oder die Einsamkeit einer Einsiedelei, sondern ein Schlachtfeld, auf dem sich zwei Heere kampfeslustig gegenüberstehen. Arjuna, der Held der Gita, sitzt verzweifelt und voller Angst in seinem Streitwagen, während Krishna, sein Lehrer, beginnt, ihn die elementaren Schritte des geistlichen Lebens zu lehren. Er greift die äußere Kampfsituation auf, aber es zeigt sich sofort, dass es nicht um diesen, sondern um den inneren Kampf geht. Mitten im Szenario einer Schlacht und mitten in seinen Ängsten muss Arjuna die wesentlichen Schritte für den Weg zu persönlicher Reife und tieferer Gotteserfahrung einüben. Arjunas Verzweiflung gilt als »der erste Schritt auf dem Weg zum spirituellen Leben«[12].

Ähnlich hat man in Bezug auf den geistlichen Kampf im frühen Mönchtum von der »Erprobung als Gotteserfahrung« gesprochen, denn in Zeiten innerer Prüfung und Versuchung sei der Mensch oftmals Gott näher als in Zeiten, in denen es ihm gutgeht: »Die Entspannung, die Sorglosigkeit und die Ruhe machen die Seele stolz und zerstreuen sie, die Versuchungen dagegen sammeln und vereinen sie mit Gott.«[13] Deshalb seien Situationen innerer Versuchung und Prüfung »kein Zeichen der Abwesenheit Gottes, sondern seiner Anwesenheit«[14]. Es geht darum, mitten in den schmerzlichen Situationen des Lebens diesen gegenwärtigen Gott zu entdecken und in seiner Kraft auf dem inneren Weg voranzugehen. Das kann sogar dazu führen, dass etwa ein Bruder seinen geistlichen Vater bittet, nicht für ihn zu beten, dass Gott seine Versuchung von ihm nimmt, weil er den Eindruck hat, dass ihn sein bisheriges Kämpfen mit den inneren Turbulenzen stärker gemacht hat und er diesen Kampf noch etwas weiterführen will.[15]

Wohin dieses beharrliche innere Kämpfen führen kann, zeigt in neuerer Zeit das eindringliche Zeugnis des ehemaligen Ökumenischen Patriarchen Athenagoras von Konstantinopel: »Lassen Sie mich die Sprache des Krieges sprechen. Ich mag diese Sprache: Ich führe Krieg, ich greife an, so versuche ich zu leben. Aber ich führe Krieg gegen mich selbst, um mich zu entwaffnen. Um wirksam gegen den Krieg, gegen das Böse zu kämpfen, muss man fähig sein, den Krieg zu verinnerlichen, um im eigenen Inneren das Böse zu besiegen ... Man muss sich selbst entwaffnen. Ich habe diesen Krieg geführt. Er war furchtbar. Aber jetzt bin ich entwaffnet. Ich habe vor nichts mehr Angst, denn ›die Liebe vertreibt die Angst‹. Ich habe die Waffen der Rechthaberei und der Selbstrechtfertigung, die die anderen abqualifiziert, niedergelegt.«[16] Ein erstaunliches Lebenszeugnis und eine Frucht des Kampfes, die Mut machen kann.

Ergänzend dazu habe ich kürzlich zu meiner Überraschung gelesen, dass man in der islamischen Tradition von zwei Arten des Jihad, des Heiligen Krieges, spricht: vom großen und vom kleinen Jihad. »Bis weit ins 19. Jahrhundert hinein hat die Mehrheit der muslimischen Gelehrten den ›großen Jihad‹, also den inneren Kampf gegen die eigenen religiösen Fehler und Nachlässigkeiten, als bedeutender im Vergleich zum ›kleinen Jihad‹, die militärische Auseinandersetzung mit den Feinden des Islam, eingeschätzt.«[17] Die Bereitschaft zum inneren Kampf, zur inneren geistlichen Auseinandersetzung gilt also als weit größer und bedeutender als die Bekämpfung äußerer Feinde. Der eigentliche Kampf des Menschen findet selbst in der klassischen moslemischen Tradition im Inneren des Menschen statt – auch wenn islamistischer Terror uns heutzutage anderes zu lehren scheint.

Die Psalmen sprechen – neben vielen anderen Themen – sehr eindringlich von diesem inneren Kampf, den Menschen vor mehr als 2000 Jahren gekämpft haben. In den folgenden Kapiteln möchte ich solchen Erfahrungen nachspüren, um sie mit eigenen ins Gespräch zu bringen. Dabei kann es nicht darum gehen, ganze Psalmen wissenschaftlich zu interpretieren, sondern ich habe exemplarische Textpassagen und immer wiederkehrende Bildworte ausgewählt, die in jahrelangem Beten für mich zu Spiegelungen für eigene Erfahrungen wurden.[18] Bei Kursen oder in geistlichen Gesprächen habe ich immer wieder erlebt, wie diese Entdeckungen auch andere Menschen hilfreich inspiriert haben. Einiges davon soll nun auf den folgenden Seiten mitgeteilt werden in der Hoffnung, dass auch die Leserinnen und Leser dadurch in ihrer eigenen Seele fündig werden.

Ein besonderes Augenmerk liegt dabei – dem Titel dieses Buches entsprechend – auf der Frage, wie Gott mitten in den schwierigen und bedrängenden Situationen des Lebens erfahren werden kann, und so Leid und Krankheit zur inneren Quelle und zu neuer geistlicher Inspiration führen können. Die Frage ist also nicht, wie wir alle unsere Probleme möglichst schnell loswerden, sondern wie wir immer wieder einen inneren Ruhepunkt finden können, eine Gelassenheit in Gottes Gegenwart – mitten im alltäglichen Chaos, in den kleinen und großen Turbulenzen unseres Lebens.

Grünen oder vertrocknen?

Psalm 1

Ein Baum, der immer grünt und regelmäßig Früchte trägt, weil er am Wasser steht, das ist das Bild, mit dem der erste Psalm den Psalmenbeter porträtiert und zugleich ein Thema für den ganzen Psalter andeutet. Es geht in diesen Texten um das Leben, um die Quelle, aus der unser Leben gespeist wird, damit es grünen und sich entfalten kann.

Das Bild vom Baum als Symbol für den Menschen ist der Bibel auch sonst vertraut, etwa in Jeremia 17,5–8. Hier muss der Baum am Wasser weder Hitze noch trockenes Jahr fürchten, weil er neben dem Bach seine Wurzeln ausstreckt. Er wird dort aber auch in Kontrast gesetzt zu einem kahlen Strauch in der Steppe, der niemals Regen sieht und deshalb nicht gedeiht. In Psalm 37,35f findet man dagegen die Aussage, es gäbe Menschen, die sich anscheinend üppig ausbreiteten wie ein tief verwurzelter Baum und die dennoch eines Tages eingehen und nicht mehr zu finden seien.

Psalmen essen

Was ist nun der Grund, dass ein Mensch wie ein Baum wachsen und aufblühen kann? Was ist die Quelle, aus der er sich auch in trockenen Zeiten nährt? Der Psalm antwortet darauf und beginnt mit einer Seligpreisung:

Selig der Mensch, der nicht dem Rat der Frevler folgt,
der nicht betritt den Weg der Sünder,
nicht sitzt im Kreise der Spötter,
der vielmehr seine Lust hat an der Weisung des Herrn,
der bei Tag und bei Nacht über seine Weisung nachsinnt.

Da hat jemand Freude an Gott gefunden, er hat geradezu Lust am Wort Gottes, das sein ganzes Leben nährt, gleichsam »bei Tag und bei Nacht«. Er hat mehr Geschmack daran gefunden, als bei denen zu sitzen, die Böses aushecken und für das Gute nur Spott übrig haben. Vielleicht hat der Psalm hier Menschen im Blick, die nicht in einer heilen Welt, sondern in einem schwierigen und destruktiven Umfeld leben müssen, wo es schwerfällt, an den wahren Quellen Wurzeln zu schlagen. Aber sie sind offensichtlich fündig geworden und haben mitten in einem trockenen Umfeld die Quelle entdeckt, haben Geschmack und geradezu Lust gefunden an Gott und seinem Wort.

Dazu passt ein moderner Text, der eine ähnliche Situation voraussetzt. Er stammt von Dorothee Sölle. In ihrer direkten und plastischen Sprache trägt er den überraschenden Titel »Psalmen essen«: »Die Psalmen sind für mich eins der wichtigsten Lebensmittel. Ich esse sie, ich trinke sie, ich kaue auf ihnen herum, manchmal spucke ich sie aus, und manchmal wiederhole ich mir einen mitten in der Nacht. Sie sind für mich Brot.«

Und sie fügt hinzu, dass ohne diesen intensiven Umgang mit den Psalmen »spirituelle Magersucht« droht. Dieses »Psalmenessen« hat für sie keine festen Zeiten, sondern findet »vor dem Frühstück oder vor dem Schlafengehen, egal« statt oder eben auch mitten in der Nacht. Hauptsache, die Psalmen gehen mit und trösten und nähren. Man muss nicht alle Psalmtexte lieben, man kann viele auch

»komisch oder unverständlich oder bösartig« finden, meint sie. Aber man solle immer wieder jene Texte wiederholen, »aus denen Kraft kommt« und die »die Freiheit, Ja zu sagen und Nein, vergrößern«[19]. Die Kraft aus den Psalmen verschafft auch Entscheidungskraft, um in einem geistlich ausgedörrten Umfeld den eigenen Weg gehen zu können. Die Kraft aus der inneren Quelle ist zudem die Kraft für das Bestehen der äußeren Herausforderungen.

Dorothee Sölle formuliert hier in moderner Sprache, was seit Jahrhunderten geistliche Praxis ist. Das »Nachsinnen bei Tag und Nacht«, wie es in Psalm 1 empfohlen wird, weist auf einen Umgang mit der Bibel, den die frühe Kirche aus der jüdisch-rabbinischen Tradition übernommen hat. Schon die Rabbinen bezeichnen die intensive Beschäftigung mit der Heiligen Schrift als ein Gehen zum Brunnen oder zur Quelle, die mit der Zeit immer reicher fließt und sich schließlich zu einem Strom entwickeln kann, der auch andere Menschen befruchtet.[20] Dieses »Nachsinnen« ist die Übersetzung des hebräischen Wortes *hagah*, das im Lateinischen mit *meditari* übersetzt wird. Es meint den Vorgang, dass jemand leise vor sich hin murmelt, während er sich mit einem Text befasst, um sich immer mehr in ihn zu vertiefen. Dieses Wort kann jedoch auch das murmelnde Wiederholen eines Textes bedeuten, den man auswendig gelernt hat und den man nun ständig wiederholt, damit er einen immer mehr von innen her prägen kann.

Der Kirchenvater Origenes, ein glühender Liebhaber der Heiligen Schrift, zitiert dieses »Nachsinnen bei Tag und bei Nacht« häufig in seinen Niederschriften und ermahnt seine Hörer und Leser, viele Texte der Bibel auswendig zu lernen, damit sie dadurch in ihrem Inneren gleichsam eine geistliche Bibliothek anlegen, die sie immer bei sich haben und deren Texte sie immer und überall hervorholen können, um sie wiederzukauen. »Wer wirklich wiederkaut, entdeckt den eigentlichen Nährwert des Wortes, er gelangt über den Buchstaben hinaus zum geistigen Sinn.«[21] Durch das Wiederkauen wird das Wort immer mehr eingefleischt, es geht gleichsam in Fleisch und Blut über und führt gleichzeitig zu einem geistigen Verstehen, das tiefer reicht als rationale oder rein wissenschaftliche Interpretation.

Die frühen Mönche haben diese Tradition begeistert aufgenommen. Sie hatten nicht das Geld, um sich eine eigene Bibel zu kaufen. Deshalb lernten sie die Psalmen und andere Teile der Heiligen Schrift auswendig, um sie als kleine Bibliothek in ihrem Herzen mittragen zu können. Das murmelnde, meditative Wiederholen dieser Texte war ihre geistliche Nahrung, die wichtigste Quelle, aus der sie lebten. Sie verglichen sich selbst mit dem Kamel, das das einmal Gefressene immer wieder heraufholt und wiederkaut, »bis es in seine Knochen und in sein Fleisch eindringt«.[22]

Psalmen als Wegbegleiter

Wir tun uns heute mit dem Auswendiglernen etwas schwer. Trotzdem kenne ich Menschen, die das tun, um solche Texte immer bei sich zu haben. Andere wieder nutzen moderne Medien statt ihre Gedächtnisbibliothek.

So erzählte mir ein Bekannter, der aus beruflichen Gründen oft wenig Möglichkeit zu stiller Einkehr hat, dass er im Auto auf dem Weg zur Arbeit jeden Tag eine CD mit Psalmen aus dem Münsterschwarzacher Psalter anhört, oftmals immer wieder den gleichen Psalm. Da auf dieser CD ohnehin nur eine begrenzte Zahl von Gesängen aufgenommen ist, wiederholen sich die Psalmen sehr oft, prägen sich ein und prägen allmählich auch die innere Haltung während der Arbeit. Dorothee Sölle würde das vielleicht ein »Psalmen-Frühstück« nennen. Eine ähnliche »Frühstückserfahrung« findet sich in einem kurzen Gedicht von Wilhelm Bruners:

Nach morgendlichem
Gang über die Psalmenbrücke
drehe ich mich nicht mehr um die eigene Achse.
Ich atme die alten Heilsworte in meine Tagängste
und bin guter Hoffnung.[23]

Der Psalm hat bewirkt, dass der Beter sich nicht mehr nur um sich selbst und seine eigenen Probleme dreht; mit ihm hat er sich einen heilsamen Horizont eröffnet, heilsame und heilende Worte in sich eingelassen. Dies wirkt wie eine Brücke in die Alltagswirklichkeit, in der er diese Heilsworte ein- und ausatmen kann, gleichsam mit ihnen schwanger geht, damit neues Leben wachsen kann. Die Psalmworte sind wie eine innere Stimme, die im Alltag mitgeht, Orientierung und Kraft schenkt.

Dazu passt noch ein etwas extremes Beispiel, das der tschechische Priester und Therapeut Tomas Halik berichtet. Er war in eine tiefe innere Krise und Verunsicherung geraten. Während einer langen Bahnfahrt war er so verzweifelt, dass er sich am liebsten aus dem Zug geworfen hätte: »Mein gesamtes Leben erschien mir wie ein verriegelter Zug, der in die falsche Richtung rast. In dem Augenblick griff ich nach einem kleinen Buch, einer alten Übersetzung des Neuen Testaments und der Psalmen, die ich schon seit dem Wehrdienst immer mit mir trug, und ich begann einen Psalm nach dem anderen zu lesen, bis ich während der mehrstündigen Fahrt das ganze Buch der Psalmen gelesen hatte. ›Rings um ihn her sind Wolken und Dunkel ... Ich aber bin ein Wurm und kein Mensch, der Leute Spott, vom Volk verachtet ... Wende dich mir zu und sei mir gnädig; denn ich bin einsam und gebeugt ...‹ (Ps 97; Ps 22 und Ps 25).«[24]

Als er schließlich in Prag ankam, hatte sich der innere Sturm gelegt, und er konnte eine klare Entscheidung treffen, die jetzt anstand. In seiner inneren Not half kein Nachdenken mehr. Er las einfach in den Psalmen, in denen er ständig seine eigene Situation wiedererkannte und auch »Heilsworte gegen die Tagängste« fand, wie Wilhelm Bruners sagen würde. Ein einziges Wort wäre zu wenig gewesen, es brauchte den langen und langsamen Prozess der Konfrontation mit den vielen Psalmworten. Es war ein Kampf zwischen den Worten der Psalmen und der eigenen aufgewühlten Seele.

Psalmen als geschützter Raum

Beständiges Psalmenbeten hat noch eine andere Wirkung: Es schafft einen geistlichen Raum, in dem das innere Leben wachsen und sich entfalten kann, auch ungestört von äußeren Einflüssen und Gefährdungen. Dazu ein alter Mönchsspruch aus der ägyptischen Wüste: »Wenn der Kessel über dem Feuer ist, kann ihn keine Fliege berühren und auch kein anderes Kriechtier. Wenn er aber erkaltet ist, dann setzen sie sich darauf. So auch der Mönch: Solange er in geistlichen Übungen verharrt, findet der Feind keine Möglichkeit, ihn zu stürzen.«[25]

Solange das Herz und der Geist von heiliger Lesung oder eben vom Psalmengebet erfüllt sind, kann keine äußere Störung und kein negativer Einfluss die innere Ruhe stören – sofern die innere Sammlung tatsächlich tief genug ist, das innere Feuer wirklich brennt.

Dazu passt eine Illustration zu Psalm 37 im sogenannten Stuttgarter Psalter[26], die mitten in die Verse 30–33a hineingemalt wurde. Der Text dort lautet:

Der Mund des Gerechten murmelt Weisheit,
und seine Zunge redet Recht.
Die Weisung seines Gottes ist in seinem Herzen,
seine Schritte werden nicht wanken.
Der Frevler lauert dem Gerechten auf

und sucht ihn zu töten.
Der Herr überlässt ihn nicht seiner Hand.

Auf dem Bild sieht man keinen Mönch, der Psalmen murmelt, sondern einen, der an einem Pult sitzt und diesen Psalter abschreibt oder illustriert. Offenbar hat sich hier der Schreiber selbst porträtiert. Das geduldige und kunstvolle Abschreiben und Illustrieren von Büchern war in den Klöstern des Mittelalters eine Art beständige Meditation, bei der Wort für Wort langsam und nachhallend im Herzen des Schreibers mitklingen kann, sodass er ganz in den Text vertieft ist. Das friedliche Bild wird durch einen schildbewehrten Krieger gestört, der auf den Schreiber losstürmt und im Begriff ist, seine Lanze auf ihn zu schleudern. Doch aus dem Halbrund über dem Pult des Schreibers, das die göttliche Gegenwart symbolisiert, greift die Hand Gottes herab und fängt die Lanze auf, er packt geradezu die Spitze der Lanze mit seiner Hand: Gott überlässt den schreibenden, Psalmen murmelnden Beter nicht der Hand des Bösen, der ihm ans Leben will.

Dieses Bild und der Spruch vom Kessel auf dem Feuer beschreiben wohl keinen Dauerzustand. Der Beter verlässt auch immer wieder den geschützten Raum des frommen Rezitierens und Betens, sei es, dass er aus Unachtsamkeit herausfällt, sei es, dass das Leben ihn einfach wieder mit konkreten Alltagssituationen konfrontiert, in denen er oft ungeschützt den Stichen und Bissen von »Insekten und Kriechtieren« ausgeliefert und von scharfen Lanzenspitzen aller Art bedroht und auch verletzt wird. Er weiß aber um den heiligen und heilsamen Raum des Betens und Meditierens, in den er sich immer wieder zurückziehen kann. Je häufiger er das tut, desto mehr kann auch etwas vom inneren Feuer und von der inneren Stille mit ihm in den Alltag übergehen, ihn schützen und für den geistlichen Kampf stärken. Konkret kann das so aussehen, dass er beispielsweise einen liebgewonnenen Text, einen Psalm oder auch nur einen passenden Vers daraus mitnimmt, um sich so mitten im Alltag immer wieder an Gottes heilsame Gegenwart zu erinnern – und immer wieder daran zu kauen. Es ist nicht damit getan, dass man gelegentlich solche Erfahrungen machen durfte, sondern es geht hier vielmehr um einen lebenslangen Prozess, der bis ins hohe Alter dauert.

Bis ins hohe Alter

An dieser Stelle kehre ich nochmals zum eingangs beschriebenen Bild vom Baum am Wasser zurück. In Psalm 92,13–16 wird ein ähnliches Bild gezeichnet:

Der Gerechte sprießt wie die Palme,
er wächst empor wie die Zedern des Libanon.
Die gepflanzt sind im Hause des Herrn,
sprießen auf in den Höfen unseres Gottes:

noch im Alter gedeihen sie,
sie bleiben voll Saft und Frische,
zu verkünden: Gerecht ist der Herr!
Mein Fels – an ihm ist kein Unrecht.

Der gläubige, der betende Mensch wird hier mit einer Palme und einer Zeder verglichen: mächtige, hoch aufragende Bäume mit tiefen Wurzeln. Sie wurzeln aber nicht am Wasser, sondern im Heiligtum, auf heiligem Boden, und ziehen ihre Kraft aus der Gegenwart Gottes, in dem sie gegründet sind. Die überraschende Botschaft ist, dass sie deshalb auch noch im Alter gedeihen und fruchtbar sind – »voll Saft und Frische«. Menschen dieser Art haben dann eine Botschaft zu künden, dass nämlich Gott doch – trotz aller schwierigen Erfahrungen des Lebens – gerecht ist, dass recht ist, was er tut, und dass er der Fels ist, auf den man bauen kann. Das klingt wie die Summe eines Lebens, das um die Höhen und Tiefen weiß, aber auch um die unzerstörbare Kraft einer Verwurzelung in Gott. Diese Botschaft von der lebenslangen Treue Gottes wird dann nicht mit vielen Worten verkündet, sondern einfach dadurch, dass man einem so gealterten Menschen ansehen kann, dass noch frisches Leben in ihm ist, weil er ein Leben lang aus der inneren Quelle und aus heiligem Erdreich seine Nahrung bezogen hat. Vielleicht ist der Baum im Lauf der Jahre etwas zerzaust geworden und hat im Sturm so manchen Ast verloren, aber er steht immer noch da, fest verwurzelt und grünend. Das ist kein Zeugnis für seine eigene Tüchtigkeit, sondern für die Lebenskraft, die aus Gottes Wort und Gegenwart fließt – Tag und Nacht, wie das besinnliche Murmeln des Beters in diesem ersten Psalm.[27]

Damit gibt dieser Psalm das Thema für die weiteren 149 Psalmen an: Es geht um Gebet und Lobpreis Gottes, aber immer auch um die Nöte des Menschen und um den konkreten Kampf, den ihm das Leben abverlangt, einen geistlichen Kampf, der in der Kraft des Geistes Gottes und seiner Gegenwart geführt wird.[28] Die Psalmen sind ein entscheidendes Hilfsmittel in diesem Kampf und erzählen von vielfältigen Erfahrungen, die der Leser und die Beterin in eigene Praxis übersetzen können und müssen. Es ist kein billiger Weg, der einem zeigt, wie man schnell und auf kurzem Weg über seine Probleme hinwegkommt oder wie man mit Gottes Hilfe einfach über Mauern springen kann (vgl. Psalm 18,30). Es ist ein langer Weg, oft mühsam, aber mit der Verheißung, dass Leben immer wieder ein Stück weiterwachsen kann, nachhaltig fruchtbar wird – bis ins hohe Alter.

Manchmal geschehen dabei kleine Wunder, aber meistens bleiben der Alltag und die alltägliche Nahrung des Psalms. Dazu hat mir kürzlich jemand eine Karte mit einem jüdischen Spruch aus der chassidischen Tradition geschenkt: »Verlasst euch nicht auf Wunder – rezitiert Psalmen!«

Der Beter als schwarzes Schaf

Psalm 1 und 73

In einer illustrierten Psalmenhandschrift aus der Benediktinerabtei Engelberg in der Schweiz findet sich zu Psalm 1 eine überraschende Illustration. In den ersten Buchstaben des Psalms, nämlich in das B von »*Beatus vir*« – »Selig der Mann« ist eine ungewöhnliche Szene hineingemalt[29]: Christus steht da im grünen Gewand und roten Mantel und hält in der Hand ein kleines schwarzes Tier, vermutlich ein Schaf, das anscheinend aus seinen Händen nach oben springen will. Von oben kommt eine Hand, wodurch bei Buchmalereien und Ikonen die Gegenwart Gottes dargestellt wird. Um die Hand wird ein Kreuznimbus sichtbar, wie er auch um das Haupt des Christus gemalt ist. Es scheint, dass auf dieser Hand auch das Wundmal der Nägel vom Kreuz zu sehen ist. Es ist also die Hand Christi, die heruntergreift. Das Bild erinnert an das des guten Hirten mit dem verlorenen Schaf. In dieser Darstellung trägt er das Schaf aber nicht liebevoll auf seinen Schultern, sondern es scheint sehr lebendig und dynamisch in seinen Händen zu sein. Schwarz wie es ist, wird es von Chrisus himmelwärts gehalten und von dort, gleichsam von ihm selbst wieder, aufgenommen, und zwar mit einer Hand, die geprägt ist von der Kreuzeswunde der Erlösung. Das schwarze Schaf scheint von sich aus himmelwärts zu wollen, aber es ist Christus, der es hochhebt, ihm die Richtung weist und es schließlich mit seiner wunden Hand vollends nach oben ziehen will. »Ein schwarzes Schaf auf dem

Psalterium aus dem Doppelkloster Engelberg, um 1300
© Stiftsbibliothek Engelberg, cod. 62, fol. 19r

Sprung in den Himmel. Eine gewagte Vorstellung. Nur möglich im Vertrauen darauf, dass es dort von dem aufgenommen wird, der selbst zum Sündenbock wurde, indem er sich mit den schwarzen Schafen der Welt verbrüderte.«[30]

Wenn man den Text von Psalm 1 mit diesem Bild vergleicht, so scheint dieses eher ein Gegenentwurf dazu zu sein. »Der Kontrast zwischen dem Psalmtext und dieser Christusszene könnte nicht größer sein: Der Psalm preist den Gerechten selig und das Bild den Sünder«, meint Hildegard König weiter.[31]

Vielleicht ist der Gegensatz aber doch nicht ganz so groß. Natürlich wird im Text der Beter gepriesen, der sich ganz in die Psalmen, in das Wort Gottes vertieft, daraus lebt und prächtig gedeiht wie ein Baum am Wasser. Es ist aber auch die Rede davon, dass es Menschen gibt, die andere Wege gehen. Der Beter lebt nicht in einer heilen Welt. Oft genug muss auch er selbst reuevoll feststellen, dass er auf krummen Wegen gegangen ist. Neben manchem Psalmtext, der in unseren Ohren ziemlich selbstgerecht klingt wie etwa Psalm 26, gibt es viele Texte, die widerspiegeln, dass sich der Beter von außen und innen bedroht fühlt, selbst fehlgeht und sich schwach und armselig vorkommt, manchmal auch wie ein dummes Tier. Ein solcher Text, der zu unserem schwarzen Schaf passt, findet sich in Psalm 73.

»Wie ein dummes Tier«

Der Beter von Psalm 73 ist in eine tiefe Lebens- und Glaubenskrise gerutscht und versteht seinen Gott nicht mehr. Er wird von bösartigen und gewalttätigen Menschen unterdrückt. Denen geht es gut, »ihr Leib ist gesund und wohlgenährt. Sie ... sind nicht geplagt wie andere Menschen ... Aus üppigem Fett blickt ihr Auge ... Sie reißen ihr Maul auf bis zum Himmel«, und »immer sorglos im Glück, häufen sie Reichtum auf Reichtum«. Die drastischen Formulierungen zeigen die Wut und Empörung des Beters. Ausgerechnet denen, die gewalttätig und »voll Bosheit« sind, geht es ausgezeichnet, sie sind reich und mächtig, während jene, die anständig und fromm leben, im Unglück versinken. Die bösartigen Menschen lästern sogar gegen Gott und sagen, dass er von alldem nichts weiß und er sich sicher nicht darum kümmern wird. Das stürzt den Beter zusätzlich in eine Glaubenskrise. Er möchte gar bereuen, dass er so anständig gelebt hat: »Wahrlich, umsonst bewahrte ich lauter mein Herz.« Aber dann wird er nachdenklich, und es kündigt sich eine Wende an.

Da dachte ich nach, um das zu begreifen,
– eine Qual war es in meinen Augen,
bis ich eintrat ins Heiligtum Gottes
und innewurde, wie es mit ihnen ausgeht.

Aufgewühlt von innerer Qual kommt er zum Tempel. Als er das Heiligtum betritt, mindert sich diese in seinem Herzen, und es beginnt sich etwas zu klären. In diesem heiligen Raum gewinnt der Beter allmählich Abstand von seiner Wut und Empörung. Zunächst geht ihm auf, dass das Treiben der Bösen nichts Ewiges und Endgültiges ist und dass ihnen – wie wir sagen würden – die Bäume nicht in den Himmel wachsen werden. War er bisher völlig auf die Bosheit seiner Feinde fixiert, so öffnet sich sein innerer Horizont jetzt in der Weite des heiligen Raumes, und andere Gedanken und Gefühle gewinnen Raum in seiner Seele.

Von einer ähnlichen Erfahrung haben mir schon einige Menschen berichtet: Wenn sie aus dem Trubel ihres Alltags und ihrer Sorgen bei uns ankommen und den weiten, stillen Raum der Abteikirche betreten, werden sie oftmals ganz ruhig und es ist, als würde eine Last von ihnen abfallen, so erzählten sie. Damit sind ihre Probleme zu Hause noch nicht gelöst, aber es können sich weitere Türen und Fenster öffnen, um mit diesen Themen anders umgehen zu lernen.

Für den Psalmenbeter kommt dann noch ein weiterer Schub an Einsicht hinzu, eine geradezu schmerzliche Selbsterkenntnis, die aber zu innerer Erlösung führt: Plötzlich ist er nicht mehr auf die Bosheit seiner Feinde fixiert, als deren Opfer er sich fühlt, sondern er sieht sich selbst in seiner eigenen Schwachheit, wie er drauf und dran war, bitter zu werden, ohne tiefere Einsicht, geradezu »wie ein dummes Tier«. Und so heißt es dann weiter:

Als sich mein Herz verbitterte
und Schmerz in meinen Nieren bohrte,
da war ich töricht und ohne Verstand,
war wie ein dummes Tier – und war doch bei dir.
Ja, bei dir bin ich schon immer:
Du hast meine rechte Hand ergriffen.

Er hat sich »dumm« benommen, war völlig fixiert auf böse Menschen und auf das, was sie ihm angetan haben. Jetzt merkt er, wie nah er seinem Gott immer war, nicht nur hier im Tempel, sondern »schon immer«. Offensichtlich ist es ein Mensch, der es gewohnt war, in Gottes Nähe und Gegenwart zu leben, der aber durch Anfeindungen und Nöte aller Art völlig ins Abseits geraten war. Dass er sich »wie ein dummes Tier« benommen hat, geht ihm jetzt im Heiligtum auf.

Der Psalm erzählt nicht, ob der Beter dort eine spezielle Erfahrung gemacht hat oder ob ihm einfach in der Weite des Tempels die Größe Gottes ganz neu aufging und dadurch die eigene Armseligkeit bewusst wurde. Gleichzeitig fühlt er sich aber in der Nähe Gottes geborgen und zu Hause: eine Erfahrung von echter Demut. Wahre Demut erkennt man nicht daran, dass sich jemand kleiner macht – das hat eher mit Minderwertigkeitskomplexen zu tun –, sondern dass ihm die Größe Gottes aufgeht und er dann einsieht, dass er Gott gegenüber recht klein und unbedeutend wirkt, aber trotzdem von ihm geliebt und akzeptiert ist. Umgekehrt kann man sagen: Wenn sich jemand selbst klein macht, dann ist noch lange nicht gesagt, dass Gott für ihn dadurch größer wird.

Ich erinnere mich gern an einen alten Bruder in unserem Kloster, der auf eine fröhliche Art demütig war. Er hatte ein Leben lang im Schweinestall gearbeitet und seine Arbeit und seine vielen Ferkel wirklich geliebt. Als er älter wurde, übernahm er kleinere Arbeiten im Haus: Er putzte Toiletten und leerte Papierkörbe aus und war bei allem fröhlich und voll Humor. Ich fragte ihn einmal, als wir gemeinsam im Auto in ein anderes Kloster fuhren: »Bruder Aquilin, was ist denn Demut?« Er räusperte sich erst ein wenig und sagte dann: »Wenn man von sich ganz klein denkt.« Er machte eine kurze Pause, und ich war etwas enttäuscht; das war mir zu wenig. Aber dann fuhr er fort: »Und wenn man von Gott gaaaanz grooooß denkt, gaaaanz grooooß!« Das war die eigentliche Antwort. Und dabei formte er mit beiden Händen einen großen Bogen in der Luft wie einen Regenbogen. Weil Gott für ihn so gaaaanz grooooß war, war er selbst natürlich ziemlich klein – das war er auch von Gestalt. Es störte ihn aber nicht, weil die Größe Gottes ihn faszinierte – nicht jene Angst machende Größe, sondern jene, die den Horizont weit macht und staunen lässt. Und er hatte noch ein Hobby, das dazu passte: Oft trug er ein kleines Mikroskop bei sich. Er legte kleine Insekten oder Blütenblätter oder den Flügel einer Fliege unter die Linse und hatte seine Freude daran, dieses kleine Wunderwerk der Schöpfung anderen Mitbrüdern oder Kindern aus der Schule zu zeigen mit dem Kommentar: »Gott ist in kleinen Dingen gaaanz groooß.« (*Deus in minimis maximus*, wie ein lateinischer Spruch sagt: Gott ist in den kleinsten Dingen am größten.) Bei dieser Begeisterung für die Größe Gottes und bei der Faszination, die die »Kleinigkeiten« Gottes auf ihn ausübten, machte es ihm nichts aus, dass er so klein war und bei den Ferkeln seine Tage verbrachte.

Sein demütiges und zugleich festes Selbstbewusstsein zeigte sich auch noch darin, dass er über seine etwas zu groß geratene Nase selbst ein langes Gedicht gemacht hatte, das er immer wieder einmal vortrug. Damit hatte er allen Spöttern das Wasser abgegraben und sich selbst fröhlich in Szene gesetzt.

Von seiner Nase erzählte er auch gerne ein Erlebnis aus seiner Soldatenzeit: Als seine Kompanie einmal angetreten war, fragte ihn der Unteroffizier vor allen Kameraden, warum er nicht verheiratet sei. Bruder Aquilin antwortete: »Wegen einem körperlichen Defekt!« Einige Kameraden um ihn herum lachten und hatten bestimmte Fantasien, aber die Antwort hätte beim eugenischen Fanatismus der Nazis auch gefährlich sein können. Doch der Unteroffizier wollte genau wissen, was er damit meinte. Bruder Aquilin zeigte auf seine Nase und sagte: »Die da hindert mich am Küssen.« Der Beifall aller war ihm sicher. Ob die Geschichte sich wirklich genau so zugetragen hatte, ließ sich nie klären. Aber wir hatten immer viel Freude, wenn er sie erzählte. Er war mit diesen und anderen »Dummheiten« zufrieden. Und als er ausgerechnet am Heiligen Abend friedlich starb, mutmaßten wir, dass er im Himmel wohl in irgendeiner Krippe ganz vergnügt zwischen Ochs und Esel sitzt und überglücklich das Jesuskind anschaut. »Ich bin wie ein dummes Tier vor dir und bin doch immer bei dir.« Bruder Aquilin hat sicher diesen Psalm gut verstanden oder einfach gelebt. Dabei hat sich sein Selbstbewusstsein weder aus einem eindrucksvollen Äußeren noch von einer besonders geachteten Aufgabe oder Position gespeist, sondern von der Nähe seines Gottes, der »soooo groooß« für ihn gewesen ist.

Kehren wir nun zum Psalm zurück. Der Beter wurde wohl auch zunächst von der Größe Gottes tief angerührt und sich beglückend seiner Gegenwart bewusst. Damit hatte sich alles andere für ihn relativiert und war belangloser geworden:

Bin ich bei dir, habe ich keine Lust an der Erde.
Mag Fleisch und Herz mir vergehen,
Gott bleibt der Fels meines Herzens, mein Anteil auf ewig.

Egal, was kommt oder geht, sein Anteil, sein wahrer Besitz ist nur noch Gott. Er muss sich nicht mehr ereifern, dass seine boshaften Feinde so reich und wohlhabend sind; das alles zählt jetzt nicht mehr für ihn. Mag noch so viel vergehen – Gott bleibt ihm, so fest wie ein Fels.

»Der Fels meines Herzens« ist ein erstaunlicher Ausdruck, geradezu ein Gegenbegriff zum steinernen Herzen. Es ist damit nicht der felsenfeste Glaube des Beters gemeint, sondern Gott selbst ist der Fels, das Felsenfundament, das Gott dem Menschen anbietet. Dadurch kann er frei und offen sein, ohne sein Herz vor Angst oder Ärger verhärten und verschließen zu müssen.

Wie ein Schlussakkord beginnt der letzte Vers des Psalms: »Ich aber – Gott nahe zu sein, ist für mich gut.« Er hatte sich wie ein dummes Tier – »ich Esel!« – benommen. Jetzt merkt er, dass er mit all seiner Dummheit ganz nahe bei Gott sein darf. Und schließlich heißt dann der letzte Satz: »Von allen deinen Werken will ich reden.« Der Beter hat eine sehr persönliche, geradezu intime Erfahrung gemacht, aber er will laut davon reden, damit andere es hören und Mut bekommen.

Abschließend noch eine sprachliche Beobachtung: Der zweite Vers des Psalms, der die Erfahrung der Krise einläutet – »Ich aber – fast wären meine Füße gestrauchelt« –, korrespondiert mit dem Beginn des letzten Verses – »Ich aber – Gott nahe zu sein, ist für mich gut«. »Ich aber« führt die Krise ein und signalisiert gleichzeitig den glücklichen Ausgang dieser krisenhaften Entwicklung. Zwischen diesen beiden Polen ist der Beter eingespannt, einmal und vielleicht immer wieder, eine Spannung, in der sich auch ein heutiger Beter wiederfinden und die er betend durchleben kann.

Der Mönch als dummes Tier

Der Psalmvers vom dummen Tier, das trotz allem in der Nähe Gottes weilen darf, taucht auch in der Benediktsregel auf, und zwar an zentraler Stelle: als sechste Stufe der Demut. Die zwölf Stufen der Demut beschreiben verschiedene Etappen auf dem geistlichen Weg. Über die sechste Stufe heißt es dort: »Der Mönch ist zufrieden mit dem Allergeringsten und Letzten und hält sich bei allem, was ihm aufgetragen wird, für einen schlechten und unwürdigen Arbeiter. Er sagt sich mit dem Propheten: ›Zu nichts bin ich geworden und verstehe nichts; wie ein Lasttier bin ich vor dir und bin doch immer bei dir.‹« (Benediktsregel 7,49f) Diese Formulierung ist für einen modernen Leser sehr anstößig – oder eben erklärungsbedürftig.

Michael Casey, einer der bekanntesten Autoren, der sich mit der Interpretation der Benediktsregel befasst hat, hat zu diesem Thema ein Buch verfasst, das auch für moderne Leser, die diesem misstrauisch gegenüberstehen, lesenswert und inspirierend ist. In Bezug auf den genannten Text sagt er, dass dieser sehr leicht missverstanden werden könne. Der Text wolle in jedem Fall nicht jene loben, die sich immer an den letzten Platz stellen und zu allem unfähig fühlen. Ganz im Gegenteil: Seiner Ansicht nach sollten sich Menschen, die die Neigung haben, sich ständig selbst zu erniedrigen, nicht mit diesem Text befassen, sondern lieber »ganz die Finger davon lassen. Diese ihre Neigung könnte durchaus Ausdruck einer Neurose sein«[32]. Wer sich ständig selbst demütigt, hat vermutlich nichts von wahrer Demut verstanden. Ich habe einmal in einer Gemeinschaft erlebt, dass man über einen Mitbruder spöttisch zu sagen pflegte, er erwecke ständig den Eindruck, als wolle er sagen: »Ich bin nichts, ich kann nichts – also brauche ich auch nichts zu tun.« Diese Art der »Demut« ist nichts als Selbstbeschädigung und schwächt gleichzeitig das Miteinander. Die Worte der sechsten Demutsstufe wären also Gift für einen solchen Menschen und könnten ihn noch kränker machen.

Michael Casey hat aber auch noch eine Botschaft, die in die entgegengesetzte Richtung weist: »Andererseits könnte man solchen, die sich von dem, was Benedikt hier schrieb, abgestoßen fühlen, durchaus ans Herz legen, darüber etwas gründlicher nachzudenken. Seine Worte könnten eventuell als gutes Gegengewicht zu ihrer angeborenen Begeisterung dienen, sich selbst in den Vordergrund zu drängen.«[33]

Für all jene also, die sich ständig in den Vordergrund und in die höheren Ränge hineindrängen beziehungsweise auf ihre hohe und bedeutende Position stolz sind, könnte eine intensive Beschäftigung mit diesem Text sehr heilsam sein.

Auf diesen Aspekt wollen wir uns hier beschränken[34], das heißt, es geht bei diesem Text nicht um die Frage, *warum* einer erniedrigt und gedemütigt wurde, sondern *wie* er darauf reagiert, wenn es ihm passiert. Michael Casey sagt, dass das Wort »zufrieden« der entscheidende Ausdruck in diesem Text sei: Der Mönch solle zufrieden sein, auch wenn er sich plötzlich an einem Ort oder in einer Position wiederfinde, die ihm nicht passt und die er als Herabsetzung empfindet.[35] Zufrieden kann er aber nur sein, wenn er nicht von äußeren Positionen und Wertschätzungen abhängig ist. An seiner Reaktion wird sich zeigen, ob er mit dieser Demütigung umgehen kann oder ob sie ihn aus der Fassung bringt. Benedikt meint nicht, der Mönch solle mit einer solch demütigenden Erfahrung zufrieden sein, sondern er sagt, dass einer auf dieser Stufe der Demut angekommen ist, wenn er trotzdem damit im Frieden sein kann, andernfalls – könnte man ergänzen – muss er weiter an sich arbeiten, um mit solch einer Kränkung besser umgehen zu lernen. Es ist nicht schlimm, wenn jemand damit (noch) nicht gut umgehen kann, aber er soll wissen, dass er noch einige Arbeit an seiner Seele vor sich hat.

Ob ein Mensch wirklich demütig ist, zeigt sich nicht so sehr daran, dass er sich selbst demütigen oder gelegentlich zurückstehen kann, sondern vor allem daran, wie jemand reagiert, wenn er gedemütigt wird. Wenn einer eine angesehene und begehrte Position verliert, abgesetzt oder abgewählt wird, in seinem Einsatz nicht geschätzt oder seiner eigenen Wertschätzung nach nicht entsprechend eingesetzt wird, kann das zu einer schweren Kränkung führen, zu gekränktem Stolz. Diese Gefahr besteht vor allem dann, wenn man seinen Selbstwert von der Stellung abhängig macht und vom Lob der anderen.

Kränkend kann aber nicht nur sein, wenn man eine hohe oder geliebte Position verliert. Auch in einer Leitungsfunktion kann man sich als »der letzte Mensch« fühlen, wenn man ständig attackiert, kritisiert oder verleumdet wird, wenn man plötzlich alleine dasteht und sich von niemandem mehr verstanden fühlt. Wer vom Lob und der Anerkennung anderer lebt, wird mit solcher Kränkung und Demütigung nur schwer leben können. Wem aber aufgeht, dass Gott tatsächlich »der Fels meines Herzens« ist, wie wir im vorigen Abschnitt beim Beter von Psalm 73 gesehen haben, der kann wieder aufleben, trotz demütigender Erfahrungen.

»Die Kunst besteht darin, eine solche Behandlung zu akzeptieren, ohne sein Selbstwertgefühl zu verlieren oder aufzubrausen«[36], meint Michael Casey dazu. Oder man findet eben einen guten Weg, um sein inneres Gleichgewicht wiederzuerlangen. Eine Oberin, die in ihrer Gemeinschaft viele Probleme anpacken und so manch schmerzliche Demütigung aushalten musste, erzählte mir einmal, dass sie am Abend oft lange vor dem Tabernakel saß oder kniete und sich von Gott anschauen ließ. Manchmal dauerte es sehr lange, aber es kam dann immer der Punkt, wo der, der sie anschaute, ihr wieder Ansehen gab, inneres Ansehen, innere Würde. Es wurde ihr wieder bewusst, dass sie eigentlich aus der Nähe Gottes und nicht vom Ansehen der Menschen leben will. Und dann konnte sie wieder mit innerer Gelassenheit ihren Schwestern begegnen und dabei – trotz aller Enttäuschungen – deren Würde respektieren, auch wenn sie damit rechnen musste, dass die demütigenden Situationen weiterhin zu ihrem täglichen Brot gehören würden. Es blieb die ständige Herausforderung, aber auch das Bleiben auf dem Weg der inneren Reifung.

Michael Casey fasst diese Überlegungen zusammen mit den Worten: »Wenn wir Phasen durchmachen, in denen wir darunter leiden, auf unfaire Weise ausgenützt zu werden, müssen wir mehr denn je unser festes Gottvertrauen bewahren und daran glauben, dass Gott auch darin seine Pläne mit uns verfolgt ... Vielleicht hat Gott vor, gerade auf diesem Weg etwa Besseres auftauchen zu lassen.«[37]

Es kann nicht darum gehen, sich alles gefallen zu lassen. Aber dieser Text aus der Benediktsregel will darauf hinweisen, dass es nicht genügt, ein solches Problem nur im äußeren Bereich aus der Welt schaffen zu wollen, sondern dass solche Kränkungen und Demütigungen eine Anfrage an den inneren Menschen sind. Sie stellen uns vor die Frage, wo die eigentliche Quelle unserer Würde liegt und von welcher Art »Ansehen« wir leben. Wenn die Zeiten der Demütigung andauern, ohne dass wir wirksam etwas dagegen unternehmen können, dann kann das eine Phase der Läuterung von äußerlichen und vordergründigen Werten sein, die immer mehr zum Eigentlichen hinführt. »Ich fühle mich immer noch wie ein dummes Tier, wie der letzte Mensch – aber ich bin bei dir und du bist bei mir.«

Ergänzend sei hier noch ein Text aus der jüdischen Tradition, einer chassidischen Geschichte, zitiert: »Als Rabbi Mordechai einmal den Psalmvers sprach: ›Dumm war ich und erkannte nicht, ein Vieh bin ich bei dir gewesen‹, unterbrach er sich und rief: ›Herr der Welt, ein Dummer will ich sein, ein Vieh will ich sein, wenn ich nur bei dir bin.‹«[38] Es geht letztlich nicht darum, was ich bin, sondern dass ich bei Gott bin, von ihm her meinen Wert und meine Würde habe.

Gott nahe sein auf ewig

Psalm 73 spielt bei uns im Kloster auch eine Rolle, wenn ein Mitbruder stirbt. Er wird dann am Abend im Kapitelsaal, dem offiziellen Versammlungsraum des Klosters, aufgebahrt. Der offene Sarg steht genau dort, wo der Mönch als junger Novize stand, als er in die Gemeinschaft aufgenommen wurde. Hier schließt sich der Kreis. Alle sitzen um den offenen Sarg. Nach etwa einer halben Stunde gemeinsamen Schweigens singen wir die Totenvigil, die aus vier Psalmen und einer Lesung besteht, darunter auch Psalm 73. Die Antiphon, der Rahmenvers, der am Anfang und am Ende dieses Psalms gesungen wird, ist aus dem Psalm selbst entnommen und lautet: »Gott ist mein Anteil auf ewig. Ihm nah zu sein ist für mich gut.« Was ein Trostwort in den Turbulenzen des Lebens sein kann, ist jetzt gleichsam ein deutendes Wort für den Weg hinein in die Ewigkeit. Was bisher gelegentliche Erfahrung seiner Nähe war, geht jetzt über in den andauernden Zustand der Ewigkeit. Es ist wie ein Trostwort, das der Entschlafene jetzt all jenen zuruft, die sein Weggang schmerzt.

Wenn wir so gemeinsam schweigend um den gerade verstorbenen Mitbruder herum sitzen, bevor wir mit dem Beten und Singen beginnen, ist das immer eine sehr eindrückliche Erfahrung. Keiner sagt ein Wort, aber bei den meisten läuft dann wohl ein innerer Film ab. Er zeigt das, was jeder von uns von diesem Bruder weiß und was er selbst mit ihm erlebt hat, die Höhen und Tiefen, Licht und Dunkel, seine Armseligkeiten und seine Begabungen, sein Suchen und Finden. Man spürt dann: Es wird alles so relativ, mag es uns vorher noch so gewichtig erschienen sein. Was zählt jetzt wirklich noch? Und vielleicht ließe sich all das mit dem oben schon zitierten Psalmvers zusammenfassen: »Ich war (oft) wie ein dummes Tier – und war doch (immer) bei dir.« Wenn ich mir vorstelle, dass einmal, wenn ich selbst im offenen Sarg daliege, ein Mitbruder oder alle meine Brüder diesen Vers in meinem Namen singen, dann würde ich mich gut verstanden fühlen und könnte damit sehr zufrieden sein. Ich hoffe das wenigstens.

Abschließend ziehen wir dann mit dem offenen Sarg in Prozession zur Totenkammer beim Eingang zur Abteikirche und singen dabei einen längeren Text aus Jesaja 51, wobei wir den Rahmenvers, der aus diesem Jesajatext entnommen ist, immer wiederholen: »Die Befreiten des Herrn kehren heim, nach Zion kommen sie mit Jauchzen, ewige Freude über ihren Häuptern.« Wie auch immer ein Leben war: Wir feiern die Befreiung. Was auch immer gewesen sein mag: Es ist alles gut und befreit. Und selbst das schwarze Schaf – um nochmals zum Bild des Anfangs zurückzukehren – wird von Jesus himmelwärts geworfen und von ihm aufgefangen. Dazu würde dann auch der letzte Vers des langen Psalms 119 passen, der in fast endlosen Wiederholungen die krummen und geraden Wege des Menschen beschreibt und dann schließlich in den Worten ausklingt: »Ich bin verirrt wie ein verlorenes Schaf. Suche deinen Knecht!«

Gotteskindschaft

Psalm 2

Psalm 1 zeichnet das Bild des Beters und seine persönliche Beziehung zu seinem Gott beziehungsweise die Beziehung seines Gottes zu ihm. In Psalm 2 weitet sich der Blick auf das ganze Volk Gottes beziehungsweise auf alle Völker und ihre Beziehung zu Gott. Beide Themen werden in der Abfolge der Psalmen immer wieder und auf verschiedenste Weisen auftauchen.

Psalm 2 ist neben Psalm 22 der im Neuen Testament am häufigsten zitierte, und zwar mit Blick auf Jesus Christus. Es wird vor allem Vers 7 aufgenommen, wo es heißt: »(Der Herr) sprach zu mir: ›Du bist mein Sohn. Ich selbst habe dich heute gezeugt.‹«

Die Herkunft und der Inhalt dieses Psalms sind ziemlich umstritten. Eine der beiden wichtigsten Deutungen betrachtet diesen Psalm als Teil eines Krönungsrituals, bei dem der König – wie in altorientalischer Tradition üblich – als Sohn Gottes gefeiert wird, gezeugt von Gott selbst beziehungsweise von Gott als sein Sohn adoptiert. Die andere Deutung sieht diesen Psalm als Ausdruck der Sehnsucht nach dem künftigen Messias, einem Messiaskönig, der das Reich Gottes unter allen Völkern aufrichten und ebenfalls Sohn Gottes genannt werden wird. Diese historische Frage muss hier nicht entschieden werden. Für unseren Zusammenhang ist nur wichtig, dass dieser Psalm und vor allem der schon genannte Vers »Du bist mein Sohn. Ich selbst habe dich heute gezeugt« im Neuen Testament mehrfach auf Jesus Christus und seine Gottessohnschaft bezogen wird.[39]

»Du bist mein Sohn, meine Tochter – heute«

Im Rahmen der Weihnachtsvigil am Heiligen Abend singen wir in unserer Klostergemeinschaft als Introitus, also als Eingangslied zur mitternächtlichen Eucharistiefeier, genau diesen Text als lateinischen Choral: »*Dominus dixit ad me: Filius meus es tu; ego hodie genui te.*« – »Der Herr sprach zu mir: Du bist mein Sohn; heute habe ich dich gezeugt.« Eine sehr ruhige und verhaltene Melodie, die sanft nach innen führt, als käme sie direkt aus dem göttlichen Schweigen selbst. Wer diese Melodie oft gesungen, sie im Gedächtnis und im Herzen beheimatet hat, für den ist in diesem Augenblick Weihnachten, jetzt – heute. Aber was bedeutet dieses »Heute« im Eingangslied? Wenn dieser Vers aus Psalm 2 in der Liturgie verwendet wird, dann will er etwas über Gott Vater und seinen Sohn Jesus Christus aussagen. Aber die Geburt des »eingeborenen Sohnes«, wie er immer wieder genannt wird, geschah aus Gott »vor aller Zeit« – nicht heute. Und wenn wir den Text auf die Geburt des Jesusknaben in Betlehem anwenden wollen, dann ist dieses Wort nur im übertragenen Sinn zu verstehen, weil er dort aus seiner Mutter geboren wurde. Zudem ist das gut 2000 Jahre her.

Und doch rührt dieses »Heute« an das Geheimnis der Liturgie, an den Quellgrund unseres geistlichen Lebens: Jeder Festtag ist nicht einfach nur ein Tag der Erinnerung an ein bedeutendes Ereignis der Heilsgeschichte, sondern er will ein damaliges Ereignis »heutigen«. In der Liturgie aller großen Festtage spielt das »Heute« und das »Jetzt« eine entscheidende Rolle, weil es in der Liturgie darum geht, dass jene Ereignisse *heute* in *meinem* Leben, an mir und in mir Wirklichkeit werden wollen. Sie sind eine Quelle göttlichen Lebens, die jetzt aufbrechen und wirksam werden will. Angelus Silesius hat diese Wahrheit auf den Punkt gebracht mit dem Vers im Cherubinischen Wandersmann I,61: »Wird Christus tausendmal in Betlehem geboren und nicht in dir, du bleibst noch ewiglich verloren.« Entscheidend ist, dass Christus auch im Herzen des Gläubigen immer wieder geboren wird. Angelus Silesius greift hier einen Gedanken auf, der seit den ersten christlichen Jahrhunderten und über das Mittelalter bis in die Neuzeit hinein von den großen Theologen entfaltet wurde und das geistliche Leben vieler Menschen befruchtet hat: das Thema der Gottesgeburt in der Seele.[40]

Wie Christus »vor aller Zeit« aus dem Vater als Gottessohn geboren wurde, so wurde er als Menschensohn aus der Jungfrau Maria geboren, und jetzt soll er im Herzen eines jeden Getauften geboren werden. Geburt Christi geschieht also ständig: Es geht um einen inneren Wachstumsprozess, durch den sich Jesu Gegenwart im Menschen immer mehr entfalten soll. Origenes (gestorben 254), der wohl als Erster dieses Thema ausführlich entfaltete, sagt: »Was nützt es dir, wenn Christus irgendwann einmal im Fleische gekommen ist, wenn er aber nicht in dein Herz eingezogen ist? Beten wir, dass sich seine Ankunft *täglich* in uns vollzieht, damit wir sagen können: ›Ich lebe, aber nicht mehr ich, sondern Christus lebt wahrhaft in mir.‹ (Galater 2,20).«[41] Für Origenes ist dies also ein tägliches Geschehen, eine unablässige Dynamik, die durch die Taufe in Gang gesetzt wurde. Und weil Gott bei unserer Taufe seinen Sohn in uns Gestalt werden lässt, sind wir dadurch zu Söhnen und Töchtern Gottes geworden. Deshalb ruft die Stimme, die bei der Taufe Jesu vom Himmel her erschallte, auch uns zu: »Du bist mein geliebter Sohn, meine geliebte Tochter.« (Vgl. Matthäus 3,17)

Aber diese Gotteskindschaft, diese Einwohnung Christi im Herzen des Menschen ist nicht einfach ein Faktum. Sie muss gepflegt und lebendig erhalten werden. Für Origenes sind das Gebet und das geistliche Leben überhaupt nichts anderes als die Entfaltung dieser göttlichen Gegenwart im Herzen des Menschen, die ein Leben lang andauert.[42] Wie konkret-leibhaft diese Gegenwart verstanden wurde, zeigt das Verhalten des Vaters von Origenes, über den berichtet wird, dass er oft dem schlafenden Jungen die Brust geküsst habe, weil sie ein Heiligtum des göttlichen Geistes sei.[43]

Wenn wir in unseren Kursen auf diese Thematik der Einwohnung Christi zu sprechen kommen, ist das für so manche Teilnehmer etwas völlig Neues. Sie kennen zwar die Worte, dass Gott immer gegenwärtig ist und dass Christus in uns wohnt, aber das war bislang eher ein theoretisches Wissen. Jetzt geht ihnen plötzlich auf, was es bedeutet, solch ein Wort konkret ernst zu nehmen. Es kann zu einer sehr kostbaren Entdeckung werden, wenn jemandem plötzlich bewusst wird, dass Gott nicht weit weg, sondern ganz nahe ist, ja sogar in unserem Innersten wohnt. Oft bedeutet diese Einsicht die entscheidende Wende im geistlichen Leben, einfach aus dieser beständigen Gegenwart leben zu lernen, immer wieder still zu werden und diese göttliche Realität bewusst wirken zu lassen. Für jemanden, der mit sich selbst nicht im Reinen ist und wenig inneres Selbstbewusstsein hat, kann es ebenfalls eine kostbare Entdeckung sein, einfach dazustehen und sich das Wort zusprechen zu lassen: »Du bist mein geliebter Sohn, meine geliebte Tochter.« Manchmal dauert es eine Weile, wehrt man sich sogar dagegen, bis man schließlich dieses Wort konkret in sich einlassen, diese Würde für sich annehmen kann, so konkret wie der Vater des Origenes die Brust seines kleinen Jungen geküsst hat. Kürzlich hörte ich jemanden sagen, man solle einmal versuchen, in dem Bewusstsein zu leben, man sei immer und überall eine Geliebte, ein Geliebter – ganz von innen, aber ganz wirklich.

An all das kann der Beter denken, wenn er an diese Stellen in Psalm 2 gelangt oder wenn er in der Weihnachtsnacht das besinnliche Eingangslied im lateinischen Choral singt. Man kann dieses Wort aber auch in den Alltag mitnehmen: »Mein Sohn, meine Tochter bist du, heute – jetzt.«

Nur wenn sich dieses Wort immer wieder erneuert und wiederholt wird, besteht auch die Chance, dass die Christusgeburt in uns lebendig bleibt und sich von Tag zu Tag erneuert – eben heute und jetzt. Und wenn Sie jetzt diesen Satz lesen, können Sie eine kleine Pause einlegen und sich daran freuen, dass Jesus jetzt in Ihnen geboren wird oder dass er es jedenfalls möchte, falls Sie es ihm erlauben. (Entschuldigen Sie bitte diesen so direkten Einschub, aber die Theorie allein nützt eben nichts.)

»Obwohl er der Sohn war ...«

Je mehr man aus dieser konkreten Gegenwart leben lernt, desto mehr wird sie auch tragen, wenn man in schwierige und schmerzliche Situationen gerät. Es gibt dann nicht nur die Erfahrung des gegenwärtigen Schmerzes, sondern gleichzeitig auch das Wissen und die Erfahrung der unzerstörbaren göttlichen Gegenwart in unserem Inneren. Das wird den Schmerz nicht wegnehmen, aber ein inneres Gegenwicht dazu bilden. Die Gegenwart Christi in der Seele ist nicht so etwas wie eine Unfallversicherung, wie das Versprechen eines heilen Lebens. Das zeigt sich zum Beispiel auch in Psalm 89, einem der anderen Königspsalmen, in dem in Vers 27f Gott selbst über den, der als König eingesetzt wird, sagt: »Er wird mich rufen: ›Du, mein Vater! Mein Gott! Fels meines Heiles!‹ Ich aber – zum Erstgeborenen setz ich ihn ein, zum Höchsten unter den Königen der Erde.« Der König wird bei der Thronbesteigung als Sohn Gottes adoptiert, aber trotzdem muss im weiteren Verlauf des Psalms eine große Klage darüber angestimmt werden, dass dem König kein Glück beschieden ist, dass die Verheißungen Gottes sich anscheinend nicht erfüllen, der König im Kampf fällt und sein Königtum ein Ende hat. Seine göttliche Sohnschaft hat ihn nicht vor der Katastrophe bewahrt.[44]

Von Jesus wird im Hebräerbrief 5,8f ähnlich gesprochen, wenn es dort heißt: »Obwohl er der Sohn war, hat er durch Leiden den Gehorsam gelernt; zur Vollendung gelangt, ist er für alle, die ihm gehorchen, der Urheber des ewigen Heils geworden.« Selbst wenn Jesus der Sohn Gottes im streng wörtlichen und dogmatischen Sinn ist, ist diese Sohnschaft ebenfalls keine »Unfallversicherung«, keine Garantie für ein leidfreies Leben. Das Leiden wird sogar als notwendig bezeichnet, weil es den Menschen läutert und auf dem Reifungsweg voranbringt. So musste sich Jesus gegen Ende seines Lebens im Garten Gethsemani in einem schmerzhaften, Schweiß und Blut treibenden inneren Kampf erneut dazu durchringen, das Leiden als einen notwendigen Teil seiner Sendung anzunehmen. Der Engel des Herrn, der ihm dann erscheint, lässt ihn die Nähe und Liebe seines Vaters erfahren und gibt ihm die Kraft zum Durchhalten und Weitergehen.

Die Läuterung durch Leiden und Schmerzen auf dem geistlichen Weg gehört immer dazu. Jeder, der sich auf den Ruf Gottes einlässt, muss mit Prüfung und schmerzlicher Läuterung rechnen. Im Buch Jesus Sirach 2,1.5 finden wir die Textzeile: »Mein Sohn, wenn du dem Herrn dienen willst, dann mach dich auf Prüfung gefasst! ... Denn im Feuer wird das Gold geprüft, und jeder, der Gott gefällt, im Schmelzofen der Bedrängnis.« Dieser Bibeltext wird bei uns im Kloster am Vorabend einer Mönchsprofess gesungen, wenn ein Mitbruder sich ganz und auf Lebenszeit auf den monastischen Weg verpflichten will. Es ist sehr mutig, ja fast eine Zumutung, einen jungen Menschen kurz vor seiner Profess auf den Schmelzofen hinzuweisen, der auf ihn wartet. Natürlich werden in dieser Liturgie auch viele begeisternde und hoffnungsvolle Texte gelesen und gesungen, aber es gehört zum Realismus und zur Ehrlichkeit, auch darauf hinzuweisen, dass dieser Weg sehr heiße Phasen kennt.

Der Schmelzprozess von Gold oder Silber wird in der Bibel oft in solchem Zusammenhang als Bild verwendet. Es deutet darauf hin, dass es sich bei diesem Leiden um einen Prozess handelt, bei dem am Ende Gold entstehen wird. Aber in den Nöten dieses Prozesses wird der Mensch nicht alleingelassen, wie der Text von Jesus Sirach unmittelbar anschließend in Vers 6 zeigt: »Vertrau auf Gott, er wird dir helfen, hoffe auf ihn, er wird deine Wege ebnen.« Es geht also nicht darum, Angst zu verbreiten, sondern Zuversicht. Gott selbst begleitet diesen Prozess und geht mit.

In einer romanhaften Schilderung der Passion Jesu lässt Eric Emanuel Schmitt in seinem Buch »Das Evangelium nach Pilatus« in der oben erwähnten Gethsemanie-Stunde Jesus in sein Inneres hinabsteigen, »in den Brunnen«, wo er während seines Lebens immer wieder mit der Quelle, dem Vater, kommuniziert. Und über die Erfahrung dieser Stunde lässt der Autor Jesus dann selbst berichten mit den Worten: »Endlich sprach die Stimme aus dem Brunnen. Sie sagte, dass Liebe, die große Liebe, oft nichts mit Gerechtigkeit zu tun hat; dass Liebe manchmal grausam sein muss; und dass auch mein Vater weinen wird, wenn er mich am Kreuz hängen sieht.«[45] Es ist Jesus klar, dass er nicht ein Opfer von Bosheit oder Sadismus ist. Der Vater bleibt in der Nähe, wie einer, der mitleidet und nicht alleinlässt. Liebe und Leid schließen sich nicht aus. Sie lassen sich oft nicht trennen. Sie sind zutiefst aufeinander bezogen, in einem geheimnisvollen Prozess von Fügung und Reifung, von Schicksal und Erwählung.[46]

Das gilt auch für das auserwählte Volk Israel, das mit seinem Gott eine abenteuerliche und oft auch katastrophale Geschichte hatte und noch immer hat. Mit der Auserwählung ging auch eine über Jahrhunderte und Jahrtausende hin dauernde Verfolgungsgeschichte einher. Bei der Betrachtung dieser Heils- und Unheilsgeschichte hilft dann manchmal nur der typisch jüdische Humor, um diese Widersprüchlichkeiten zu ertragen, wenn es etwa im Musical »Anatevka« heißt: »Ich weiß, ich weiß. Wir sind Dein auserwähltes Volk. Aber kannst

Du Dir nicht ab und zu ein anderes aussuchen?« Oder die etwas vorwurfsvollere Variante: »Du hast uns auserwählt unter allen Völkern. Aber was haben wir Dir eigentlich getan?«[47] Für das Ertragen dieser Ambivalenz der göttlichen Auserwählung scheint gelegentlich ein etwas sarkastischer Humor die passende Medizin zu sein, zumal Gott selbst auch Humor zu haben scheint, wie sich im Folgenden zeigt.

Gott lacht – und gebiert den Sohn

Nach diesen Erwägungen über die dramatische Seite des Sohn- und Tochterseins kehren wir zum Psalmtext zurück, und zwar zu einem Thema, das uns und auch der Bibel selbst nicht sehr vertraut ist: Gott lacht. »Der im Himmel thront – er lacht«, heißt es in Vers 4. Die Heidenvölker und ihre Könige rotten sich zusammen »gegen den Herrn und seinen Gesalbten«. Gott schaut ihnen zu – und lacht. Es ist ein Lachen der Überlegenheit, ein Lachen, das aus sicherer Distanz kommt, im Wissen darum, wer denn der eigentliche Herr der Geschichte ist. Evagrius Ponticus, ein Mönchsvater aus dem 4. Jahrhundert, empfiehlt diesen Psalmvers zur dauernden Wiederholung und Meditation für Menschen, die von Angst gequält werden und sich vor Angriffen dämonischer Einflüsterungen fürchten. Sie sollen sich an den Gott erinnern, der über solche Attacken mit gutem Recht lachen und sie davon befreien kann.[48] Ähnlich heißt es in Psalm 59,9:

Du aber, Herr, verlachst sie, du spottest über alle Völker.

Dieser Psalm spricht von sehr konkreten und massiven Bedrohungen eines Menschen. Mitten in seiner Not erinnert er sich an den Gott, der über all das menschliche Getue auch lachen kann, und fährt dann unmittelbar weiter fort: »Meine Stärke, auf dich will ich achten, denn Gott ist meine Burg, er, der Gott meiner Liebe!« Gott ist diesem bedrängten Menschen eine feste Burg und schützende Liebe. Ähnliches wird in Psalm 37,13 auch über den Frevler gesagt, der Böses ausheckt:

Der Herr verlacht ihn, denn er sieht:
Sein Tag wird kommen.

Gott schaut weiter, er hat den Überblick und weiß um Ausgang und Ende. Er wird das Böse nicht zulassen.

Karl Rahner sagt mit Blick auf diese Texte: »Gott lacht, lacht das Lachen des Sorglosen ... das Lachen der göttlichen Überlegenheit über all die grausame Wirrnis einer blutig qualvollen und irrsinnig gemeinen Weltgeschichte. Gott lacht. Unser Gott lacht. Lacht gelassen, fast möchte man sagen: unberührt, mitleidig und wissend über das tränenvolle Schauspiel dieser Erde.«[49] Um aber nicht vordergründig missverstanden zu werden, fügt Rahner – vorsichtig in Klammern gesetzt – noch gleichsam beschwichtigend hinzu: »O, er kann es, denn er hat auch selbst mitgeweint und sich bis zum Tode betrübt und gottverlassen mit entsetzt.« Gott weiß um das Leid und die Wirrnisse dieser Welt und leidet selbst mit, aber es gibt auch den anderen, legitimen Aspekt seines souveränen Lachens über die Enge und Begrenztheit menschlicher Bosheit und Geschichte.

Die Bibel hat kein einschichtiges Gottesbild. Sie beschreibt in endlos vielen Variationen seine Beziehung zum Menschen und zum ganzen Volk. Es ist tröstlich, dass sie auch sein Lachen kennt und dass dieses Lachen schon gleich im zweiten Psalm anklingt. Eigentlich ist es die erste Stelle im Psalter, an der ausdrücklich von Gott die Rede ist – und da nun gleich von seinem Lachen. Um dieses Lachen sollte man wissen, wenn im Lauf der Psalmen auch härtere und verstörende Bilder und Reaktionen Gottes auftauchen.

Dieses Lachen Gottes passt gelegentlich recht gut zu konkreten Situationen in unserem Leben und kann befreiend wirken. In einer humorvollen Ballade über das Schicksal des Propheten Jona heißt es, als er vor Gott und seinem Auftrag fliehen wollte:

Den Blick nach Westen wandte er.
Erst lief er nur. Dann rannte er ...
Gott aber, der den Weg schon kannte,
sah lächelnd zu, wie Jona rannte.[50]

Das klingt, als könne man ein verschmitztes Lächeln auf Gottes Antlitz sehen. Gott hat den Überblick. Er kennt den Weg, und er kennt auch schon die Geschichte mit dem Fisch, der Jona erst einmal fressen wird, damit dieser endlich reif wird, Gottes Wort und Auftrag ernst zu nehmen. Er meint es ja auch gut mit diesem Jona. Der aber denkt kurzsichtig. Gott sieht weiter. In diesem Sinn hat man den Spruch: »Der Mensch denkt und Gott lenkt« mitunter abgeändert in: »Der Mensch dachte und Gott lachte.« Mit diesem Wort können wir einen humorvollen Blick auf so manche Torheit, manch kurzatmiges Planen und Wollen werfen, wenn uns beschämend oder auch befreiend aufgeht, dass wir wieder einmal »die Rechnung ohne den Wirt gemacht haben«. Und in solchen Lebenssituationen kann uns auch bewusst werden, dass Gott jetzt wohl nicht zürnt, sondern eher belustigt den Kopf schüttelt über unsere Kurzsichtigkeit und dass er sicher genug Humor hat, noch einmal mit uns anzufangen, bis wir endlich verstehen und akzeptieren, worum es eigentlich geht. Dann kann ich mich auch vom Lachen Gottes anstecken lassen und mit einem Schuss gesunder Selbstironie über mich selbst lachen, weil ich das eigene Planen und Können überschätzt habe und meinen eigenen Allmachtsfantasien auf den Leim gegangen bin. Dazu passt auch die humorige Frage: Wie kann man Gott zum Lachen bringen? Antwort: Wenn man Pläne macht.

Überhaupt kann Humor ein wichtiges Werkzeug des geistlichen Lebens sein, besonders dann, wenn uns Probleme und Widrigkeiten begegnen und beuteln und uns das Wissen um die Nähe Gottes eine humorvoll-hilfreiche Distanz zum bedrängenden Problem schafft.[51]

Das Lachen Gottes findet sich in der christlichen Tradition aber auch noch in einem anderen Zusammenhang, der für unser Beten und unser geistliches Leben sehr fruchtbar sein kann: Die oben bereits erwähnte Lehre von der Erfahrung der Gottesgeburt in der Seele wurde von Meister Eckhart, dem wichtigsten Vertreter der Deutschen Mystik, aufgegriffen und auf vielfältige Weise weiterentwickelt. In einem dieser Texte sagt er, dass die Gottesgeburt sich dadurch in der Seele vollzieht, dass Gott in die Seele hineinlacht und die Seele zurücklacht. In diesem freudigen Sich-Anschauen und Sich-Anlachen wird Gott in der Seele gleichsam geboren. »Die Seele vermag die göttlichen Personen zu gebären, wenn Gott in sie hineinlacht und sie wiederum in ihn lacht.« Und dann heißt es weiter, dass »dieses Lachen Lust gebiert, und die Lust Freude gebiert, und die Freude Minne gebiert, und die Minne Person gebiert, und die Person den Heiligen Geist gebiert«[52]. Der Text mag etwas kompliziert klingen, aber die Botschaft ist klar: Hier geschieht Gottesbegegnung im Bild des gegenseitigen Sich-Anlachens in einem Raum von Freude und Liebe, sodass Gott, die ganze Dreifaltigkeit, im Herzen lebendig, gleichsam geboren wird.[53]

Dieser Text spielt in dem Buch »Father Joe« des englischen Satirikers Tony Hendra eine gewisse Rolle. Der Autor, der ein satirisch-distanziertes Verhältnis zum traditionellen Christentum hat, beschreibt hier seine Erfahrungen mit Father Joe, einem englischen Benediktiner, der reichlich unkonventionell und gleichzeitig aus einer tiefen, urwüchsigen Frömmigkeit heraus lebt. Dieser Father Joe führt mit seinem Freund Tony, der trotz seiner Distanz zur Kirche ein ehrlich suchender Mensch ist, intensive Gespräche über den Glauben und gibt ihm immer wieder Bücher zu lesen, darunter auch eines von Meister Eckhart. Ausgerechnet diesen eben genannten Text zitiert Tony Hendra wörtlich in seinen Erinnerungen und sagt, dass dies ein Gottesbild sei, »eine Dreifaltigkeit, mit der ich leben konnte«[54]. Mit diesem Gott konnte er sich anfreunden, mit einem Gott, der lacht und der auf das antwortende Lachen des Menschen angewiesen ist, damit im Herzen immer neu die Gottesgeburt geschehen kann.

Ergänzend zum Bild des lachenden Gottes spricht Eckhart bei seinem Reden von der Gottesgeburt auch davon, dass Gott im Herzen des Menschen grünt und blüht und gleichsam »Gott grünend und blühend mit seiner ganzen Gottheit«[55] im Menschen wohnt. Und weil dieser Gott »ein Gott der Gegenwart« ist, möchte er täglich im Menschen geboren werden, damit der Mensch dadurch selbst zum Sohn Gottes beziehungsweise zur Tochter Gottes wird.[56]

In diesen Texten von der Gottesgeburt in der Seele *gebiert* Gott seinen Sohn im Herzen des Menschen. Gebären ist zwar eine weibliche, eine mütterliche Fähigkeit, trotzdem spricht die christliche Tradition wie selbstverständlich davon, dass Gott seinen Sohn gebiert, wenn es etwa im Glaubensbekenntnis heißt: »aus dem Vater geboren vor aller Zeit« – »*ex Patre natus ante omnia saecula*«. Und die frühen Kirchenväter verwenden die Formulierung, dass der Vater den Sohn »aus dem Mutterschoß des Herzens« – »*de vulva cordis*« beziehungsweise »*ex utero cordis*« gebiert.[57] Der Vater wird hier nicht als der Zeugende, sondern als der Gebärende bezeichnet, wie auch schon im Alten Testament Gott im Bild der Mutter beschrieben wird.[58] Im Buch Deuteronomium 32,18 werden die männliche und die weibliche Fähigkeit in ein und demselben Satz erwähnt: »An den Fels, der dich *gezeugt* hat, dachtest du nicht mehr, du vergaßest den Gott, der dich *geboren* hat.« Hier wird auch deutlich, dass es bei solchen Formulierungen nicht um eine geschlechtlich-biologische Aussage geht, sondern um Bilder, die auf das liebevoll sorgende Verhalten Gottes gegenüber dem Menschen hinweisen.[59]

In Psalm 2 sagt Gott nun: »Mein Sohn bist du, heute habe ich dich *gezeugt.*« Das zugrundeliegende hebräische Wort bedeutet jedoch nicht nur zeugen, sondern auch gebären, wie das gelegentlich auch in anderen antiken Sprachen der Fall ist.[60] Deshalb verwundert es nicht und ist auch plausibel, dass die »Bibel in gerechter Sprache« diesen Psalmvers so übersetzt: »Ich habe dich heute *geboren.*«[61] Dieser Text spricht von der Gottesgeburt beziehungsweise Adoption des Königs am Tag seiner Thronbesteigung. Und die christliche Tradition verwendet diesen Psalmvers – wie oben bereits erwähnt – in der Liturgie der Weihnachtsnacht ganz selbstverständlich im Zusammenhang mit der Geburt des Gottessohnes in Betlehem und nicht mit dem Fest seiner Empfängnis am 25. März.

Abschließend lässt sich sagen: Wenn man den Hinweis auf den lachenden Gott in Psalm 2 und den Gottesspruch: »Du bist mein Sohn, heute habe ich dich gezeugt« ein wenig auf dem Hintergrund der ganzen Bibel und der christlichen Tradition erklingen lässt, dann tauchen für den Psalmenbeter Elemente einer Gottesbeziehung auf, die von Freude und göttlichem Austausch, von Wachsen und Fruchtbarkeit, von Grünen und Blühen geprägt ist, von väterlicher und mütterlicher Zuwendung. Damit haben wir am Anfang des Psalters schon ein Gegengewicht zu dem oft sehr strengen Gottesbild und den häufig sehr kriegerischen Beschreibungen des geistlichen Kampfes, die uns in den Psalmen noch begegnen werden.[62]

Auferstehung als Lebenskunst

Psalm 3

Psalm 3 spielt in der Benediktsregel eine ganz spezielle Rolle: Mit ihm beginnt jeden Tag die Vigil, die erste Gebetszeit, noch lange vor Tagesanbruch. Es gibt nur einige wenige Psalmen, die täglich an der gleichen Stelle platziert sind. Benedikt gibt dafür keinen Grund an, aber man kann ihn entdecken. Der Inhalt des Psalms ist zunächst überraschend. Es handelt sich hier um einen Klagepsalm. Nach den beiden einleitenden Texten, die die Grundthematik des ganzen Psalters anklingen ließen, folgt nun zunächst einer Gruppe von fünf Psalmen aus dieser Kategorie. Die Auseinandersetzung mit Leid und vielfältiger Not ist eines der Grundthemen für die Beter des Psalters.

Ruhig schlafen – getrost aufstehen

Warum soll aber der Gebetstag der Mönche noch vor Tagesanbruch mit einem Klagepsalm beginnen?

O Herr, wie sind meine Bedränger so viele,
wie viele sind es, die gegen mich aufstehen!
Viele sind es, die von mir sagen:
»Bei Gott ist für ihn keine Rettung.«

Der Beter fühlt sich von zahlreichen Gegnern umzingelt, und sie scheinen ihm keine Chance auf Rettung zu lassen, selbst bei Gott soll er keine Hilfe finden können. Aber inmitten dieser Bedrohung erinnert sich der Beter an seinen Gott:

Du aber, Herr, bist ein Schild für mich;
du erhebst mir das Haupt, du bist meine Ehre.
Laut habe ich zum Herrn gerufen,
da gab er mir Antwort von seinem heiligen Berge.

Der Beter wendet sich an Gott und erfährt Trost. Er wendet seinen Blick weg von der Bedrängnis und lenkt ihn hin zu seinem Gott. Dieser Blickwechsel – »Du aber« – verändert die Situation von innen her. Und die Wirkung zeigt sich darin, dass er ruhig schlafen und getrost wieder aufwachen kann:

Ich legte mich nieder und schlief –
ich wachte auf, denn der Herr ist mir Stütze.

Die äußere Bedrohung und Bedrängnis ist noch nicht zu Ende, aber im Herzen des Beters ist eine innere Ruhe eingekehrt, die ihn ruhig schlafen lässt; selbst wenn ihn »viele Tausende von Kriegern ... ringsum belagern«, würde er sich nicht fürchten, wie er zuversichtlich sagt. Das mag etwas übertrieben klingen, aber es soll wohl zeigen, welch tiefes Gottvertrauen den Beter beseelt und wie es ihm trotz anhaltender Bedrohung sogar einen guten Schlaf ermöglicht. Weil aber die Gefahr noch nicht zu Ende ist, ruft er erneut seinen Gott um Hilfe an:

O Herr, steh auf!
Mein Gott, bring mir Rettung!

Gott soll eingreifen, weil die Macht der anderen übergroß ist, er soll die Feinde »mundtot« machen, ihnen Kiefer und Zähne zerschmettern. Das entspricht nicht so ganz unserer Denkart – obwohl wir manchmal heimlich und spontan solche Wünsche haben können –, aber es wird hier Gott überlassen, was er tun will, um die Feinde zu zähmen oder ihnen eine »Beißhemmung« zu verpassen. Jedenfalls ist der Beter zuversichtlich und beendet sein Gebet schließlich mit den Worten:

Beim Herrn ist die Rettung.
Auf dein Volk kommt dein Segen!

Das Gottvertrauen hat sich durchgesetzt, obwohl die Bedrohung noch anhält. Der Beter ist überzeugt von Gottes Hilfe und Segen für sich und für das ganze Volk.

Überblickt man diesen Gebetsweg von Psalm 3, kann er gut als geistlicher Auftakt für den Tag mit seinen Sorgen und Bedrängnissen dienen. Allerdings kann man sich fragen, ob es sinnvoll ist, dass der Psalm den Beter gleich nach dem Aufstehen an seine Probleme erinnern muss. Gemeint ist aber wohl umgekehrt: Oft ist es doch so, dass einem gleich beim Aufwachen schon all das einfällt, was an Schwierigkeiten auf einen wartet, sodass es einem gleich die Stimmung verderben kann und man am liebsten im Bett bleiben möchte. Genau hier setzt der Psalm an: Er greift die Probleme auf, die sich ohnehin sofort ins Bewusstsein drängen, und lenkt den Blick gleich auf den, von dem Hilfe für den täglichen Kampf zu erwarten ist. Wenn also der Mönch dann doch aufsteht, obwohl er vielleicht lieber liegen bleiben möchte, wird ihm in der Kirche gleich zu Beginn dieser Klagepsalm zu einem Trostpsalm, der ihm Mut macht. Er kann dann mit einem gewissen Gottvertrauen an seine Probleme herangehen.

Der heilige Benedikt setzt voraus, dass es seinen Mönchen oft schwerfällt, in aller Frühe aufzustehen. Im 22. Kapitel seiner Regel sagt er, die Mönche sollten sich, wenn das Zeichen ertönt, sofort erheben und zum Gottesdienst eilen. Doch am Ende des Kapitels meint er in einem Nachsatz, beim Aufstehen »sollen sie sich gegenseitig behutsam ermuntern«. Auch Mönchen kann das Aufstehen schwerfallen, sei es aus echter Müdigkeit, sei es aus Angst vor dem Tag und dem, was er bringt. »Sich gegenseitig behutsam zu ermuntern« kann eine wichtige brüderliche Hilfe sein. Wenn zusätzlich täglich Psalm 3 mit seiner trostvollen Botschaft das gemeinsame Beten eröffnet, kann sich mit der Zeit das Aufstehen zu einem geistlichen Vorgang entwickeln, in dem Gott selbst eine erweckende und ermutigende Rolle spielt.

»Ich wachte auf, denn der Herr ist mir Stütze«, heißt es in unserer Übersetzung. In der lateinischen Übersetzung, wie sie auch Benedikt vorlag, ist nicht vom Aufwachen, sondern vom Aufstehen die Rede: »*exsurrexi*« – »ich stand auf«, weil der Herr mir geholfen hat. Der schon erwähnte Albani-Psalter hat das in einer kunstvollen Initiale zu Psalm 3 dargestellt, indem er zwei Etappen dieses Aufstehens ineinanderschiebt: Der Schläfer liegt in seinem Bett, Christus steht davor, fasst ihn an der Hand und zieht ihn hoch. Die Szene zeigt also sowohl den schlafenden Beter wie auch jenen, der von Christus an der Hand hochgezogen wird. Er lässt sich wohl gerne helfen, denn er streckt dem Christus zudem die freie Hand entgegen.

Täglich aufstehen – täglich auferstehen

Das Bild aus dem Albani-Psalter auf der nächsten Seite kann uns an ein bekanntes Gebet erinnern, das dem heiligen Patrick, dem Missionar Irlands, zugeschrieben wird:

Ich erhebe mich heute durch eine gewaltige Kraft,
die Anrufung der Dreifaltigkeit ...
ich mache mich auf den Weg,
dem Schöpfer zu begegnen.
Ich erhebe mich heute
kraft der Geburt Christi und seiner Taufe,
kraft seiner Kreuzigung und seiner Grablegung,
kraft seiner Auferstehung und seiner Himmelfahrt.[63]

Aufstehen in seiner Kraft, aufstehen aus der Kraft und Dynamik der ganzen Heilsgeschichte, mit dem ganzen Christus und speziell hier für uns in der Kraft der Auferstehung Christi, die in uns wirksam ist und uns aus Grab und Schlaf aufstehen lässt. Ich kenne Menschen, die morgens gerne mit diesem Wort aus dem Bett steigen, und auch mir selbst gibt es frühmorgens gelegentlich den entscheidenden Ruck. Aber dieses Gebetswort kann nicht nur beim morgendlichen Aufstehen helfen, sondern noch tiefer an die Kraft der Auferstehung erinnern und sie konkret für den Alltag lebendig werden lassen.

Die theologische Vertiefung vom täglichen Aufstehen zum inneren Auferstehen legt auch der Psalm selbst nahe. Wie schon erwähnt, heißt es in der lateinischen Fassung – übrigens auch in der griechischen – nicht »ich *wachte* auf«, sondern »ich *stand auf*« – »*exsurrexi*«, ein Wort, das unmittelbar an *resurrectio*, Auferstehung, erinnert. Und so wurde der Psalm schon von den Kirchenvätern der Frühzeit als ein

Albani-Psalter, Seite 76, 12. Jahrhundert, Abtei St. Alban, Hertfordshire

österlicher Text betrachtet, der von der Auferstehung Jesu spricht.[64] In der bei uns derzeit üblichen Psalmenordnung singen wir deshalb Psalm 3 an jedem Sonntagmorgen und zudem die ganze Osteroktav hindurch. Damit kann er nicht nur eine geistliche Hilfe beim morgendlichen Aufstehen sein, sondern Sonntag für Sonntag und Woche für Woche, das ganze Jahr hindurch erinnert er uns daran, dass Auferstehung unser ganzes Leben, unseren täglichen Kampf mit dem Alltäglichen prägen soll und darf.[65]

Dazu ein Zeugnis von Roger Schutz, dem verstorbenen Gründer der Gemeinschaft von Taizé. Er berichtet in einem Interview, einer seiner Brüder habe ihm eines Tages ein Zitat des Kirchenvaters Athanasius gebracht, der sagt: »Der auferstandene Christus macht das Leben des Menschen zu einem ununterbrochenen Fest.« Roger Schutz sagte sich: »Dieses ›ununterbrochen‹ hat etwas Provozierendes an sich.« Das Wort ließ ihn nicht los, und er versuchte zu verstehen, was es in der Praxis bedeutet: »Heute glaube ich, Athanasius hat sehr wohl gewusst, weshalb er dies sagte. Unsere christliche Existenz besteht darin, dass wir ständig das Ostergeheimnis leben: ein kleiner Tod nach dem andern, denen die Anfänge einer Auferstehung folgen ... Alles wird von ihm wieder ergriffen, so sehr, dass das Fest jeden Morgen beim Erwachen die Oberhand zu gewinnen vermag. Welcher schwere Vorfall sich auch immer im Lauf des Tages ereignet, das Fest in meinem Innern bedeutet eine Belebung von innen her. Es verwandelt ein Ereignis und formt es um. Es richtet den niedergeschlagenen Menschen wieder auf.«[66] Diese Worte mögen etwas euphorisch klingen, aber Roger Schutz ist nüchtern genug, um hinzuzufügen: »Das Fest entsteht nicht aus einer künstlichen Überspanntheit. Das Fest baut sich auf. In der Monotonie des Lebens enthüllt sich nach und nach ein verborgenes Leuchten.«[67]

Es geht Roger Schutz also nicht um emotionalen Überschwang, sondern es ist der nüchterne Versuch des Glaubens, in jeder schwierigen Situation eine Spur von Auferstehung zu entdecken, die weiterführen kann. Der Nachdruck liegt auf dem Bejahen und geduldigen Durchstehen des Alltäglichen, bis erste Strahlen der Auferstehung spürbar werden. Und er deutet an, dass es sich oft um einen langen und langsamen Prozess handelt.

Im Gotteslob, dem neuen katholischen Gesangbuch, ist ein Lied aufgenommen, das in ähnlicher Weise die Erfahrung von Auferstehung mitten in konkrete Erfahrungen des Alltags verlagert: »Manchmal feiern wir mitten im Tag ein Fest der Auferstehung ... manchmal feiern wir mitten im Streit ein Fest der Auferstehung ... Waffen werden umgeschmiedet ... Sperren werden übersprungen ...«[68] Auferstehung erscheint als eine Kraft, blockiertes Leben neu aufbrechen zu lassen, in unmöglichen Situationen auf das Wunder zu vertrauen und auf Hoffnung zu setzen. Dazu noch einige Hinweise auf zwei aktuelle Projekte, die aus der Erfahrung der Auferstehung erwachsen sind.

Auferstehung als Lebenskunst [69]

Schon der Titel dieses Buches lässt aufhorchen. Auferstehung soll das ganze Leben prägen, leben aus der Auferstehung als eine kreative Form christlicher Lebensgestaltung. Hildegund Keul geht von Erfahrungen der Armut und von existenziellen Grenzen aus, in denen die Kraft der Auferstehung erfahrbar wird. Sie ist überzeugt, dass die Auferstehung Jesu nicht nur die Mitte unseres Glaubens, sondern auch der Motor unseres Handelns sein kann und muss. »Im Glauben an die Auferstehung liegt die größte Stärke des Christentums. Denn Auferstehung bewegt und setzt Tatkraft frei. Sie bringt Menschen dazu, auch unscheinbaren Zeichen der Hoffnung zu folgen und den Aufbruch in unbekanntes Terrain zu wagen.« Aber der Glaube an die Auferstehung scheint heute – aktuellen Umfragen zufolge – auch in kirchlichen Kreisen immer mehr aus dem Glaubensbewusstsein zu verschwinden und keine Rolle mehr zu spielen. Hildegund Keul vermutet: »Vielleicht liegt dies auch daran, dass sowohl die Theologie als auch die Glaubenspraxis die Auferstehung häufig von Erfahrungen der Armut getrennt haben. Sie stehen unverbunden nebeneinander, als würden sie sich nicht kennen. Aber wo sonst, wenn nicht mitten in bedrängenden Erfahrungen von Armut, mitten in der Zerbrechlichkeit des Lebens, ist Auferstehung gefragt? ... Auferstehung ist eine Lebenskunst, die auf Erfahrungen von Armut antwortet und sich in ihnen zu bewähren hat ..., um all dem Lähmenden zu widerstehen, das Menschen in der Verletzlichkeit ihres Lebens erfahren.«[70]

Nach eindringlichen Analysen biblischer Texte, Erfahrungen aus der Kirchengeschichte, zum Beispiel denen von Franz von Assisi und Mechthild von Magdeburg, und zentralen Lehren des Zweiten Vatikanischen Konzils geht die Autorin auf aktuelle Erfahrungen ein, wobei besonders die einiger Ordensfrauen ausführlich und bewegend geschildert werden: Als zwei von ihnen 1991 in Berlin einen Ort suchten, an dem sie für Menschen in extremen Situationen da sein könnten, kamen sie nach Berlin-Marzahn. »Beim Anblick des damals noch durchweg grauen Betonmeers hatten sie gemischte Gefühle. Es war sofort klar, wie anonym das Leben hier ist und wie schwierig es werden würde, Menschen offen und persönlich zu begegnen ... Da sagten sie sich: ›Wenn wir etwas ganz Verrücktes tun wollen, dann gehen wir hierhin.‹ Also tun sie etwas Verrücktes und gehen nach Marzahn.«[71] Wenn die Botschaft der Auferstehung stimmt, die Botschaft vom Leben aus dem Tod, dann gibt es keinen Ort, an dem Auferstehung nicht möglich wäre, wenn auch – wie schon in der Bibel – unter Schmerzen und Tränen.

Von einem weiteren eindrucksvollen Projekt wird aus Hamburg berichtet. Der Jesuit Christian Herwartz, der viele Jahre als Arbeiterpriester tätig war und jetzt in Berlin lebt, hat die sogenannten

»Exerzitien auf der Straße«[72] entwickelt. In einem Artikel mit der Überschrift »Dem Auferstandenen heute begegnen. Exerzitien auf der Straße« beschreibt er einen solchen Exerzitienprozess mit etwa 50 Frauen und Männern in Hamburg. Der Ort dafür ist nicht die Stille eines Klosters, sondern die Straßen und dunklen Winkel einer Großstadt. Dort sollen die Exerzitanten die Spuren des Auferstandenen entdecken. Christian Herwartz sagt von sich, dass in den vielen Jahren als Arbeiterpriester sein zentrales Gebet lautete: »Zeig mir, wie Du Auferstandener mir heute unter meinen Kollegen und Kolleginnen begegnest.«[73] Solche Begegnungen sollen nun die Exerzitientage prägen. Eindrucksvoll sind dann auch die Erfahrungen von Teilnehmerinnen und Teilnehmern in Bezug auf ihre Glaubenserfahrungen in bewusster Konfrontation mit extremen menschlichen Situationen in der Großstadt.

Ausdrücklich weist Christan Herwartz abschließend darauf hin, dass es nicht darum geht, diese Art der Exerzitien gegen Exerzitien im Schweigen auszuspielen, sondern »beide sind ausgerichtet auf die Betrachtung zur Erlangung der Liebe, also auf das Leben mit dem Auferstandenen«[74]. Inneres Schweigen und auch extreme äußere Konfrontationen können zum Ort tiefer geistlicher Erfahrung werden – zur Erfahrung von Auferstehung.

Psalm 3, mit dem wir unsere Betrachtung begonnen haben, lässt den Beter trotz der Übermacht feindlicher Anfechtungen friedlich schlafen und getrost wieder aufstehen, ohne vor den weiteren Auseinandersetzungen den Mut zu verlieren. Die christliche Tradition hat diesen Text durch die Erfahrung von Tod und Auferstehung Jesu vertieft und lädt dazu ein, auch in extremen Situationen der Gegenwart des Auferstandenen zu vertrauen und ihn überall zu entdecken. Schon im Philipperbrief 3,10 wird in diesem Sinn formuliert: »Christus will ich erkennen und die Macht seiner Auferstehung und die Gemeinschaft mit seinen Leiden; sein Tod soll mich prägen.« Die Macht der Auferstehung zeigt sich vor allem in der

Erfahrung des Todes, der vielen kleinen Tode, die das Leben uns Tag für Tag zumutet. Und nochmals ermuntert uns Roger Schütz, »jeden Morgen das Kreuz wie auch das Fest tief in uns wiederzufinden«[75].

Mutterbrust lehrt Gottvertrauen

Psalm 22

»Mein Gott, mein Gott, warum hast du mich verlassen?« Dieser einleitende Vers von Psalm 22 gehört wohl zu den bekanntesten überhaupt, sind es doch die Worte, die Jesus am Kreuz gebetet hat (vgl. Markus 15,34; Matthäus 27,46). Es sind Worte größter Gottverlassenheit, so scheint es jedenfalls, und oft wird an dieser Stelle über diese Gottverlassenheit des Gottessohnes spekuliert. Schaut man aber den Psalm als Ganzen an – man nimmt auch an, dass Jesus wohl den ganzen Psalm auswendig kannte und ihn zu diesem Zeitpunkt gebetet hat, oder wenigstens einen größeren Teil –, so stellt man fest, dass er von einem ständigen Wechsel der Stimmungen und Bilder lebt und von einer vielschichtigen Gottesbeziehung erzählt. Es ist keineswegs nur ein Psalm der Gottverlassenheit.

»*Mein* Gott, *mein* Gott ...«

Nach dem ersten Aufschrei geht die Klage zunächst noch weiter:

Meine Rettung bleibt fern, so laut ich auch schreie.
Mein Gott! Ich rufe bei Tag, doch du schweigst,
bei Nacht, doch ich finde keine Ruhe.

Tag und Nacht kommt dieser Mensch innerlich nicht zur Ruhe und schreit laut um Hilfe, während sein Gott beharrlich schweigt. Doch dann taucht plötzlich ein tröstliches Bild auf:

Du aber thronst als der Heilige,
du, Israels Lobpreis.
Auf dich vertrauten unsere Väter,
sie haben vertraut, und du hast sie gerettet.
Sie schrien zu dir und wurden befreit,
auf dich vertrauten sie und wurden nicht zuschanden.

Der Beter erinnert sich an den heiligen Gott, der in ewiger Ruhe thront, an die Lobgesänge der Liturgie, aber vor allem daran, dass Gott immer der war, der das Volk aus der Drangsal gerettet hat. Auch die Vorfahren haben zu Gott geschrien, und ihr Schreien wurde erhört. Der Beter leidet unter seiner Not und sieht doch gleichzeitig das Kontrastbild: »Du aber thronst« – ein Blick auf den, der helfen kann und der immer geholfen hat. Dann schlägt die Stimmung wieder um, mit einem erneuten »aber«:

Ich aber bin ein Wurm - kein Mensch,
der Leute Spott, vom Volk verachtet.
Alle, die mich sehen, verlachen mich,
verziehen die Lippen und schütteln den Kopf.

Nach dem tröstlichen Blick auf den ewig Thronenden und seine beständige Hilfe fällt dem Beter wieder seine eigene miserable Lage ein, er fühlt sich wie ein wehrloser Wurm, nicht wie ein Mensch, und seine Feinde gießen auch noch ihren Spott über ihm aus. Aber nach wenigen Versen der Klage drängt sich ihm ein sehr persönliches Bild des Gottvertrauens auf:

Du selbst zogst mich aus dem Schoß der Mutter,
du lehrtest mich an ihrer Brust Vertrauen.
Auf dich bin ich geworfen seit dem Mutterleib,
vom Schoß der Mutter an bist du mein Gott.

Gott war seine Hebamme, er kennt ihn schon vom ersten Anfang des Lebens an. Und das Urvertrauen, das er im Schoß und an der Brust der Mutter eingesogen hat, hat sich im Lauf seines Lebens zu Gottvertrauen entwickelt. Es geht also nicht mehr wie vorher um die Erinnerung an das Gottvertrauen des ganzen Volkes im Lauf seiner Geschichte, sondern er erinnert sich plötzlich an seine eigene Urerfahrung, den Ursprung seines eigenen Ur- und Gottvertrauens.

Auch jetzt noch – oder jetzt erst recht – kann er zu diesem Gott »mein Gott« sagen. Viermal heißt es in den hier zitierten Versen »mein Gott«, im ersten Vers des Psalms sogar in der Doppelung »mein Gott, mein Gott!«. Auch in dieser Situation, in der Gott fern zu sein scheint, ist es *mein* Gott, das vertraute Du, selbst wenn der Beter seine derzeitige Lage überhaupt nicht begreift. Im Kommentar zu diesem Psalm erläutert Erich Zenger, »dass die biblische Klage kein richtungsloses Jammern ist, sondern der aus tiefstem Gottvertrauen aufsteigende Schrei nach Gott, selbst da und dann, wo alles gegen Gott spricht«[76]. Urvertrauen und Schmerzensschrei sind gleichzeitig in der Seele gegenwärtig und bewirken einen heilsamen inneren Prozess.

Diese Bilder von der immer wiederkehrenden Errettung der Vorfahren und die Erinnerung an die eigene Gottesgeschichte seit dem Verlassen des Mutterschoßes können wohl nur deshalb so deutlich mitten im Leid auftauchen, weil sie häufig Gegenstand persönlichen Betens und Meditierens waren. Es sind Bilder der Erinnerung, die sich durch Wiederholung immer tiefer in die Seele eingeprägt haben und jetzt in der Zeit der Not im Bewusstsein auftauchen, als Hilfe in einer tiefen Krise.

Nach dieser Erinnerung an die Erfahrung von Mutterbrust und Mutterschoß erreicht die Klage ihren Höhepunkt, indem die Gegner wie wilde Tiere beschrieben werden:

Viele Stiere umringen mich,
Büffel von Baschan kreisen mich ein.
Sie sperren gegen mich ihren Rachen auf,
reißende, brüllende Löwen.
Hingeschüttet bin ich wie Wasser,
alle Knochen fallen mir auseinander.
Mein Herz ist geworden wie Wachs,
es zerschmilzt mir im Inneren.

Mit diesen und anderen Bildern und Vergleichen wird eine äußerst bedrohliche und ausweglose Situation beschrieben. Durch dieses erschreckende Szenario hindurch muss der Beter seinen Gebetsweg finden. Es ist verwunderlich, dass dabei das zarte Bild von der Urerfahrung des Neugeborenen bei der Mutter eine so gewichtige Rolle spielt. Das hängt wohl damit zusammen, dass dieses Bild auch an anderen Stellen der Psalmen in ähnlichen Zusammenhängen verwendet wird, beim Psalmenbeten also immer wieder auftaucht und deshalb von dieser Seite her wie selbstverständlich zum emotionalen Bilderschatz des Beters gehört.

Gottvertrauen eines alten Menschen (Psalm 71)

Psalm 71 ist das Gebet eines alten Menschen, der sich in den Mühen des Alters daran erinnert, dass Gott vom Mutterschoß an sein Helfer war. Aktuell ist er offensichtlich von bösen Menschen umringt, die ihn bedrohen und unterdrücken:

Mein Gott, befreie mich aus der Hand des Frevlers,
aus der Faust des Schurken und Bedrückers!
Du bist ja meine Hoffnung, o Herr,
Herr, meine Zuversicht von Jugend auf.
Vom Mutterschoß an stütz ich mich auf dich,
vom Mutterleibe an bist du mein Helfer.

Inmitten seiner schmerzlichen Lage erinnert er sich an seine Glaubensgeschichte vom Mutterleib an bis ins hohe Alter und vertraut darauf, dass diese Grunderfahrung auch jetzt noch trägt. Zur Bedrängnis aus seiner Umgebung kommen die Beschwerden des Alters und das Nachlassen der Kräfte hinzu:

Verwirf mich nicht im Alter,
verlass mich nicht, wenn meine Kräfte schwinden!

Der Beter bittet erneut um Gottes Nähe im Schwächerwerden des Alters, zumal die bösen Menschen in seiner Umgebung sich zudem über seinen Glauben lustig machen:

Denn meine Feinde reden gegen mich,
die mich belauern, beraten sich gemeinsam,
sie sagen: »Gott hat ihn verlassen!
Verfolgt und ergreift ihn!
Es gibt für ihn keinen Retter.«

Die Gegner vertrauen darauf, dass sein Glaube nicht trägt und Gott weit weg bleibt. Aber der Beter erinnert sich erneut an seine lebenslange Glaubensgeschichte:

O Gott, du hast mich gelehrt von Jugend auf,
und bis heute darf ich von deinen Wundern künden.

Auch wenn ich alt und grau bin,
o Gott, verlass mich nicht,
damit ich diesem Geschlecht künde von deinem Arm,
allen kommenden von deiner Großtat.

Auch jetzt noch weiß er um die kleinen und großen Wunder seines Lebens: Glaubenserfahrungen inmitten lebenslanger Gefährdung und Bedrängnis. All das haben vor ihm auch schon andere Menschen wahrgenommen, wie er weiß, und vor allem sollen es nach seinem Willen nun kommende, jüngere Generationen erfahren. Es soll ihnen ein Zeugnis dafür sein, dass Gott wirklich »ein bergender Felsen« ist, »ja, mein Fels und meine Festung«, wie es in den einleitenden Versen dieses Psalms heißt, also ein Fundament, auf das man »felsenfest« vertrauen kann. Die Urerfahrung seit dem Mutterschoß ist nicht unangefochten, aber sie trägt, hat ein Leben lang getragen und ist auch noch für andere, die es wahrnehmen, ein Zeugnis und eine Ermutigung.

Gebet einer Pilgerin (Psalm 131)

Psalm 131, einer der kürzesten Psalmen, nutzt ebenfalls das Bild vom Kind an der Mutterbrust. Hier ist nicht ausdrücklich von Gott die Rede, aber der Beter oder die Beterin ist innerlich zur Ruhe gekommen:

Ich ließ meine Seele ruhig werden und still.
Wie ein gestilltes Kind bei der Mutter,
so ist in mir meine Seele gestillt.

Wie ein Kind, das gestillt wurde und nun ruhig und entspannt an der Brust der Mutter liegt, so ist dieser Mensch innerlich zur Ruhe gekommen, ganz bei sich, eins mit seiner Seele. Erich Zenger vermutet aufgrund einer sprachlichen Beobachtung im hebräischen Urtext – was hier nicht weiter erläutert werden muss –, dass dieser Text wohl von einer Frau verfasst wurde und dass deshalb dieser »Frauentext« in der sonst sehr männlich geprägten Bibel besonders beachtenswert sei.[77] Sollte diese Beobachtung stimmen, dann würde das wohl auch bedeuten, dass diese Beterin sich nicht ausmalen muss, wie es sich anfühlt, wenn ein gestilltes Kind an der Brust der Mutter ruht, sondern dass sie das aus eigener Erfahrung kennt. So fühlt sie sich jetzt, ganz still bei sich.

Das war nicht immer so. Die Beterin musste ihre Seele beruhigen und still werden lassen. Offensichtlich war sie vorher aufgewühlt, wie der Anfang des Psalms nahelegt:

O Herr, mein Herz überhebt sich nicht,
und meine Augen erheben sich nicht stolz.
Ich gehe nicht um mit großen Dingen,
mit Dingen, die mir nicht begreiflich sind.
Nein, ich ließ meine Seele ruhig werden und still.

Erich Zenger erläutert mit Blick auf diese Stelle, dass dieser Psalm 131 »geradezu als ›Kurzfassung‹ des Buches Hiob verstanden werden (kann), da er gezielte Anklänge an Hiob 42,1–6 aufweist«[78]. Nachdem sich Hiob über mehr als 40 lange Kapitel hin mit seinem Gott auseinandergesetzt und gestritten hat, erkennt er schließlich, dass er sich übernommen hat. Er sieht ein, dass er »im Unverstand geredet über Dinge, die zu wunderbar für mich und unbegreiflich sind« (Hiob 42,3). Damit lenkt er schließlich ein, wird demütig und kommt in einen inneren Frieden.

Auch unsere Beterin im Psalm hatte sich wohl übernommen, sich zu große Ziele gesteckt. Jetzt merkt sie, wie überheblich das war. Vermutlich war es ein längerer Prozess, und vielleicht war es auch gut, einen solchen Umweg gegangen zu sein, weil sie jetzt erst den wahren inneren Frieden finden und schätzen lernen kann. Bemerkenswert ist noch, dass dieser Psalm in der hebräischen Bibel als »Ein Wallfahrtslied« überschrieben ist. Es ist also ein Lied für unterwegs, auf dem Weg zum Heiligtum. Da der Psalm nur drei Verse hat, also extrem kurz für ein Wanderlied ist, war er wohl zur ständigen Wiederholung gedacht, eine Art geistlicher Ohrwurm, der dem Pilger beziehungsweise der Pilgerin hilft, die eigene Situation von gestern und heute, den eigenen Bekehrungsweg ständig neu zu meditieren. Vielleicht sollte er aber auch im Wissen darum helfen, dass auf dem weiteren Pilgerweg neue Gefahren lauern werden, in denen sich die innere Vertrautheit mit Gott aufs Neue bewähren muss.

Der Psalm beginnt mit einer Anrufung: »O Herr, mein Herz überhebt sich nicht.« Der ganze Text ist zwar eine Art Selbstreflexion, aber sie geschieht unter den Augen Gottes. Wo es hier – im Anschluss an die Tradition der griechischen und der lateinischen Übersetzung – in der Anrede »Herr« heißt, steht im hebräischen Urtext der unaussprechliche Gottesname JHWH, Jahwe = Ich-bin-der-der-da ist. Martin Buber übersetzt solche Stellen einfach mit Du, die vertraute Anrede an den, der wirklich da ist. Mit diesem vertrauten Du ist die Beterin unterwegs zum Heiligtum, dem Ort ganz besonderer Gegenwart dieses unaussprechlichen Namens. Er korrespondiert mit dem intimen Bild von Mutter und Kind: Wie in Psalm 22 und 71 zeigt sich auch hier, dass das Bild vom Kind an der Brust der Mutter nicht eine kuschelig-harmlose Gottesbeziehung meint, sondern eine Grunderfahrung meditiert, aus der die Kraft fließt, mit dem vertrauten Du durch schwierige Lebenssituationen hindurchzufinden, also zum Ziel der Pilgerschaft.

Im Stuttgarter Psalter gibt es zu diesem Psalm ein Bild, das die Situation des Pilgerns illustriert. Da steht ein Mann – Erich Zenger würde eine Frau vorschlagen – mit einem Pilgerstab in der einen Hand, offensichtlich im Begriff, wegzugehen. Mit der anderen Hand

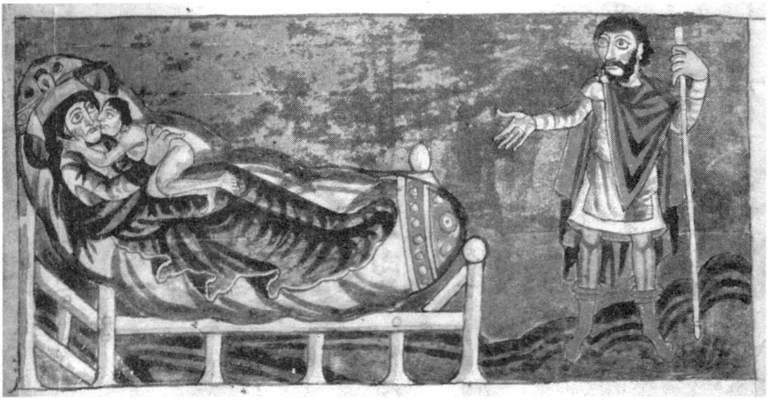

Stuttgarter Psalter, Paris, 825–830
© Württembergische Landesbibliothek Stuttgart, Cod.bibl.fol.23, Folio 148r

deutet er auf eine Frau, die mit prächtigen Gewändern und einer Krone auf einem Ruhebett liegt und ein kleines Kind an sich drückt. Dieses ruhige Daliegen verstärkt noch die Atmosphäre des Friedens und der Geborgenheit. Wie der Pilger so auf die Frau deutet, könnte er sagen wollen, dass er sich jetzt auf den Weg macht, aber dieses Bild der Geborgenheit mit sich trägt. Unterwegs und doch mit einem Bild inneren Friedens, im Blick auf das, was hinter ihm liegt, und im Blick auf neue Herausforderungen des Weges, die ihm noch bevorstehen.[79] Unterwegs sein und doch auch ganz bei sich, bei Gott sein.

Zu dieser ambivalenten Situation gibt es einen Spruch aus der Welt der Wüstenväter: »Einmal wanderten Altvater Daniel und Altvater Ammoes, und Abbas Ammoes sprach: ›Vater, wann werden auch wir einmal im Kellion (das heißt in der Einsiedelei) bleiben?‹ Abbas Daniel antwortete: ›Wer kann uns denn jetzt Gott wegnehmen? Gott ist in und außer dem Kellion.‹«[80] Entscheidend ist nicht, wo man ist, sondern ob man in Gottes Gegenwart lebt, was nicht unbedingt vom Ort abhängt.

»Deine Augen sahen, wie ich entstand« (Psalm 139)

Für diese Erfahrung der beständigen Gegenwart Gottes in unserem Leben steht vor allem Psalm 139. Am bekanntesten sind die Verse aus dem einleitenden Teil, wo es heißt:

Ob ich sitze oder stehe, du weißt es.
Meine Gedanken durchschaust du von ferne.
Ob ich gehe oder ruhe – du ermisst es,
du bist vertraut mit all meinen Wegen ...
Von hinten und von vorne hältst du mich umfangen ...

Für unseren Zusammenhang ist aber der dritte Teil des Psalms wichtig, in dem es wieder um frühkindliche Erfahrung geht. Hier geht der Blick aber noch weiter zurück, nämlich in die Zeit der Entstehung im Mutterschoß:

Du hast mein Innerstes gebildet,
hast mich gewoben im Schoß meiner Mutter ...
Dir waren meine Glieder nicht verborgen,
als ich gestaltet wurde im Geheimen,
kunstvoll gewirkt in den Tiefen der Erde.
Deine Augen sahen, wie ich entstand ...

Es geht um die Zeit der Zeugung und des langsamen Wachsens der Glieder und Organe im Mutterleib. Beim Betrachten dieses wunderbaren Wachstumsprozesses bricht der Beter in Bewunderung aus:

Ich danke dir, dass ich so staunenswert
und wundersam gemacht bin.
Ja, das weiß ich: Wunderbar sind deine Werke!

Dankbarkeit und Staunen über die eigene Lebensgeschichte und über die schöpferische Präsenz Gottes vom ersten Augenblick im Mutterleib an – ich habe einmal gelesen, wenn man über das eigene Leben meditieren wolle, solle man mit der Zeit etwa ein Jahr vor der Geburt beginnen, also mit der Zeit, als von einem selbst noch nichts existierte und nichts da war, was speziell auf die eigene spezielle Mischung hinwies. Und wie dann nach einigen Monaten in winzigen Anfängen aus unendlich vielen genetischen Möglichkeiten – wie aus einem Zufall, fast wie aus dem Nichts – ausgerechnet das entstand, woraus ich und mein Leben wurden, das sich in meinem Fall nun schon über mehr als sieben Jahrzehnte hin in vielfältiger Weise entfaltet, allen Widerständen, Brüchen und Verwerfungen zum Trotz. Und wenn ich mir dann sage, dass »Deine Augen sahen, wie ich entstand«, und dass sie bei jedem weiteren Schritt dabei waren, dann ist Gott gleichsam schon vor meiner Zeugung in meine Existenz hineinverwoben – bis zum heutigen Tag. Je mehr mir diese Verwobenheit bewusst wird, je mehr ich mich in diese Geschichte hineinmeditiere, desto stärker trägt sie auch in kritischen Zeiten, weil sie nicht nur im Kopf gewusst ist, sondern gleichsam in die leibhafte Existenz eingeprägt wurde.

»Bis ihr alt und grau werdet«

Das Erfahrungsbild von Mutter und Kind begegnet einem in der Bibel oft auch außerhalb der Psalmen, besonders in den Schriften der Propheten. Hier möchte ich dazu nur Jesaja 46,3f erwähnen: »Hört auf mich, ihr vom Haus Jakob, und ihr alle, die vom Haus Israel noch übrig sind, die mir aufgebürdet sind vom Mutterleib an, die von mir getragen wurden, seit sie den Schoß ihrer Mutter verließen. Ich bleibe derselbe, so alt ihr auch werdet, bis ihr grau werdet, will ich euch tragen. Ich habe es getan, und ich werde euch weiterhin tragen, ich werde euch schleppen und retten.«

Wenn wir dieses Wort nicht nur als ein historisches Wort für Israel nehmen, sondern – wie jedes Wort der Bibel – direkt auf uns selbst anwenden, dann ist das eine ungeheure Zusage: Seit ich den Mutterschoß verlassen habe, trägt und schleppt mich Gott umher; ich kann alt und grau werden – ich bin es schon –, und er schleppt immer noch an mir, genau wie »damals«, denn »ich bleibe derselbe«, sagt er, an seiner Treue und seiner Bereitschaft zu retten wird sich nichts ändern, auch wenn es oft wohl mühsam ist, mich herumzuschleppen. Hier ist Gott selbst wie eine Mutter, die ihr Kind für dessen ganzes Leben lang nie vergessen oder verstoßen kann.

Dieser Text ist nicht in eine friedliche Situation hineingesprochen. Israel ist noch im Exil von Babel: ein kleines, verängstigtes Volk in der Hand einer Großmacht. In diesen Kontext hinein wird das prophetische Wort vom Retten und Schleppen und Befreien gesagt. Eine schier unlösbare Situation soll sich lösen, illustriert mit dem Bild vom Getragenwerden seit dem Mutterleib – ein Bild, das nicht nur etwas erläutert, sondern das die Hörer innerlich aufnehmen und als Vertrauensbild mitnehmen sollen für ihren weiteren Weg.

Diese Bilder sind auch in der christlichen Tradition in die Praxis des inneren Betens eingegangen. Ludwig de Ponte, ein bekannter geistlicher Schriftsteller aus dem 19./20. Jahrhundert, empfiehlt seinen Lesern, das biblische Bild vom Kind bei der Mutter oder in der Mutter immer mit sich zu nehmen und sich immer mehr in diese Wirklichkeit der Gegenwart Gottes hineinzumeditieren, wobei er unter anderem auch das eben genannte Wort aus Jesaja 46,3f zitiert.[81]

Es hat sich gezeigt, dass das Bild vom Kind im Mutterschoß oder an der Mutterbrust nicht einfach eine fromme Idylle meint, sondern eine Urerfahrung, das Entstehen eines Urvertrauens, das immer mehr in ein Gottvertrauen hineinwächst, das gerade in schmerzlichen Situation Halt und Geborgenheit bieten kann. Die frühkindliche Erfahrung ist mit dem Alter reifer geworden, geradezu krisentauglich und deshalb fern jeder Form von Regression oder Flucht in kindlich/kindisches Verhalten.[82]

Dazu noch eine zeitgenössische Erfahrung, die die religiöse Frage nicht direkt anspricht, aber etwas Ähnliches überzeugend lebt: Ein junger Journalist besucht regelmäßig seinen geliebten Professor, der im Alter schwer erkrankt ist und dessen Lähmung ständig fortschreitet, bis ihm schließlich nur noch minimale Bewegungen möglich sind. Der Professor lebt aber aus einem unbeugsamen Optimismus und weiß kreativ mit seinen Schwächen umzugehen. Die Gespräche mit ihm sind für den jungen Journalisten wie eine Schulung in echter Lebenskunst. Eines Tages sagt der Professor, er fürchte sich vor dem Tag, da er so hilflos werde, dass er sich nicht mehr selbst den Hintern wischen kann. Dann kommt der Tag, an dem er seinem Besucher sagt, jetzt sei es so weit. Daraus entwickelt sich ein überraschendes Gespräch. Der Professor meint, es sei ihm »etwas ganz Seltsames passiert«, und fährt fort: »Ich begann, meine Abhängigkeit zu *genießen*. Jetzt genieße ich es, wenn jemand mich auf die Seite dreht und Creme auf meinen Hintern reibt, damit ich keine wunden Stellen bekomme ... Das ist ein wunderbares Gefühl. Ich schließe die Augen und gebe mich völlig hin ... Es ist, als würde man wieder zu einem Kind. Da ist jemand, der dich badet. Jemand, der dich hochhebt. Jemand, der dir den Hintern abwischt ... Die Wahrheit ist: Als unsere Mütter uns in den Armen hielten, uns wiegten, uns die Köpfe streichelten, da hat niemand von uns jemals genug davon bekommen. Wir alle sehnen uns in gewisser Weise danach, zu jenen Zeiten zurückzukehren, als wir völlig versorgt wurden, als man uns bedingungslose Liebe, bedingungslose Aufmerksamkeit schenkte.« Dieser schwerkranke Mensch kann das liebevolle Versorgtwerden kindlich genießen, gleichzeitig sehr tapfer und reif mit seiner Krankheit umgehen und viel von seiner Lebenserfahrung weitergeben. Die Erinnerung an frühkindliche Erfahrungen hilft ihm, die prekäre Situation seiner letzten Lebensphase mit neuen Augen zu sehen, um dann kreativ und sogar humorvoll damit zu leben. Sein ehemaliger Schüler beendet diese Szene mit den Worten: »Mit achtundsiebzig Jahren war er ein Erwachsener, der anderen Menschen etwas gab, und ein Kind, das von anderen etwas bekam.«[83] Kindsein und reifes Alter verbinden sich.

Durchbeten – bis zum Lobpreis

An dieser Stelle kehren wir wieder an den Ausgangspunkt zu Psalm 22 zurück, dem Psalm von der Gottverlassenheit Jesu am Kreuz. Nachdem der Beter im ersten Teil des Psalms zweimal zwischen Klage und Vertrauen hin und her wechselte und schließlich zum Bild von Mutterschoß und Mutterbrust gelangte, dem Ort, an dem er Vertrauen, Gottvertrauen lernte, setzt nun eine sehr lange Klage ein, in der der Beter sein Leid wie eine Bedrohung durch wilde Tiere beschreibt. Den letzten Teil des Psalms bildet schließlich ein inniges Dankgebet, das mit den Worten beginnt: »Du hast mich erhört«(Vers 22b).[84]

Man könnte sich jetzt fragen, ob dieser letzte Teil wohl erst später angefügt wurde, als die Gefahr vorüber und der Beter gerettet war. Der Vergleich mit ähnlichen Klagepsalmen legt aber die Deutung nahe, dass er sich viel eher durch seine Not hindurchgebetet hat und die Rettung für ihn schon zur inneren Gewissheit geworden ist. Erich Zenger erläutert dazu: »Die Klagepsalmen sind ein *Gebetsweg* in der

Spannung zwischen empfundener Gottverlassenheit und gesuchter Gottesnähe, die die Verwandlung des Beters bewirken will, die darin besteht, dass er sich in die innere Gewissheit hineinbetet, dass Gott – trotz allem – auf seiner Seite steht und ihn retten wird.«[85] Dieser Gebetsweg zeigt sich in dem oben beschriebenen mehrfachen Wechsel von Klage und heilsamen Erfahrungen in der Vergangenheit und bewirkt einen »Stimmungsumschwung«[86]: das feste Vertrauen, dass ich auf meinen Gott bauen kann. Der Beter muss sich gleichsam durch die Bilder des Schreckens und des Heils hindurchbeten, einen Gebetsweg durch das Dunkel hin zum Licht gehen. Nach langem Kampf findet er in den inneren Frieden, auch wenn die äußeren Probleme noch nicht gelöst sind.

Ähnliche Erfahrungen können Beter und Suchende auch heute noch machen. Bei unseren Kursen ermuntern wir die Teilnehmer, eine Art Gebets- oder Glaubensbiografie zu skizzieren, indem sie stichwortartig Gebete, Lieder, Bilder, Orte, Begegnungen und so weiter zusammenstellen, in denen ihnen Gott und Glaube besonders lebendig und hilfreich waren. Die meisten Menschen – auch solche, die mit ihrem Glauben eher Probleme haben und sich nicht für »fromm« halten – sind dann überrascht, wie viele Elemente eine solche Gebets- oder Glaubensbiografie enthalten kann, wie sehr ihnen auf dem Weg des Lebens immer wieder prägende Erfahrungen geschenkt wurden. Gerade ältere Menschen berichten oft, dass die Erinnerung an eine solche Grunderfahrung aus der frühen Kindheit während ihres Lebens hilfreich auftauchte, obwohl ihnen vieles an Glauben und Kirche problematisch geworden war. Ein älterer Mann, der im Leben viel Schweres durchmachen musste, erzählte einmal, er habe von seinem Vater den Spruch geerbt: »Gott ist Vater, der uns liebt, wann er nimmt und wann er gibt.« Mit diesem Satz habe er sich oft durch schmerzliche Situationen »hindurchgebissen und hindurchgebetet«.

Im Unglück kann es leicht geschehen, dass die Zweifel mehr wiegen als bisherige Glaubenserfahrung. Dann ist die Frage, wie viel davon wirklich für die Zukunft trägt. Dazu habe ich einen Spruch gelesen, der einem amerikanischen Pastor zugeschrieben wird: »*Believe your beliefs and doubt your doubts*!« – »Glaube an deinen Glauben und zweifle an deinen Zweifeln!« So berechtigt und notwendig Zweifel sein mögen, man kann jedoch auch an seinen Zweifeln zweifeln, nicht nur an seinem Glauben. Freundschaften können durch eine einzige Enttäuschung zerbrechen, obwohl man vorher Hunderte von guten Erfahrungen miteinander gemacht hat. Negativen Erfahrungen geben wir sehr oft mehr Gewicht, und sie prägen uns oft nachhaltiger als die positiven. Deshalb ist es so wichtig, dass die positiven immer wieder erinnert, belebt und meditiert werden, damit sie eine geistliche »Ressource« bilden. Auf mühsamen Lebensstrecken können sie so einen heilsamen Gebetsweg ermöglichen in der Spannung zwischen Klage und Gottvertrauen, wie es in Psalm 22 exemplarisch vorgelebt wird. So kann das ganze Leben ein Sich-Durchbeten werden – bis hin zum Lobpreis.

Gottvertrauen – leichtsinnig und brüchig

Psalm 30 und 78

In der Morgenfrühe jedes Sonntags besingen wir mit den Worten von Psalm 30 und Psalm 3 die Auferstehung Jesu. In diesem Sinn wurde Psalm 30 schon in frühchristlicher Zeit in der Liturgie der Osternacht verwendet.[87] Dieses alttestamentliche Gebet ist ein Danklied zur Rettung aus tödlicher Gefahr, aber die verwendeten Bilder illustrieren auch sehr deutlich das Geschehen der Auferstehung Jesu, wenn der Psalm etwa mit den Worten beginnt:

Ich erhebe dich, Herr,
denn du zogst mich empor aus der Tiefe,
du ließest nicht zu,
dass über mich meine Feinde frohlocken.
Herr, mein Gott, ich habe zu dir gerufen,
und du heiltest mich.
Herr, du hast mich heraufgeholt
aus dem Reich des Todes,
aus denen, die zur Grube gefahren,
mich zum Leben gerufen.

Weitere Verse aus dem Psalm fügen sich ein in den Jubel des Ostermorgens:

Kehrt am Abend Weinen ein,
– bis zum Morgen ist's Jubel ...[88]
Da hast du mein Klagen in Tanzen verwandelt,
mein Trauerkleid hast du gelöst, mich gegürtet mit Freude.

Diese Texte eignen sich zur Betrachtung persönlicher Erfahrungen von Auferstehung, wie wir das beim verwandten Psalm 3 getan haben.[89] Wir wollen uns hier aber auf einige Verse in der Mitte des Psalms konzentrieren, die nicht zum Kontext der Auferstehung Jesu passen, aber sehr wohl zu unseren eigenen, oft schmerzlichen Erfahrungen auf dem geistlichen Weg. Dem Beter wird in diesen Versen schmerzlich bewusst, dass er durch eigene Schuld und Überheblichkeit in seine lebensbedrohliche Situation geraten ist. Es lohnt sich, diesem Gedanken nachzugehen.

»Jetzt wird alles anders!«

Ich weiß nicht, wie oft ich diesen oder einen ähnlichen Satz schon gedacht oder gesagt habe. Immer wenn ich im geistlichen Leben eine neue, befreiende Erfahrung gemacht habe – meistens passierte das ungeplant, sozusagen als Zu-Fall –, dann hatte ich den Eindruck, dass jetzt alles leichter wird und dass der weitere Weg auf diese Weise wie von selbst weitergeht. Später war ich schon etwas klüger und sagte mir: »*Wenn* diese Erfahrung anhält, *wenn* Gott so deutlich in meinem Leben erfahrbar bleibt, dann wird alles ganz anders werden, freier, klarer.« Ich hatte inzwischen durch mancherlei Enttäuschung gelernt, dass Gottesbeziehung nicht statisch, sondern sehr veränderlich und schwankend ist, so wie ich selbst auch. Und wenn ich etwa am Ende eines Exerzitienkurses den Eindruck habe, dass Teilnehmerinnen und Teilnehmer durch neue Erfahrungen tief beeindruckt und darüber vielleicht auch zu sehr begeistert sind, dann sage ich manchmal, dass sie beim Heimkommen in den Alltag sehr achtsam sein und darauf gefasst sein müssen, dass schnell wieder etwas querläuft und die Erfahrungen zerstören kann. Graf Dürckheim, dem ich bei meiner Suche in jüngeren Jahren viel zu verdanken habe, hörte ich mehrmals bei Vorträgen sagen: »Wenn Sie mal eine tiefe geistliche Erfahrung gemacht haben, dann können Sie sicher sein, dass Ihnen in den nächsten 24 Stunden der Teufel über den Weg läuft und diese Erfahrung zerstören will.«

Man muss das nicht wörtlich nehmen, aber die Richtung stimmt. Eine tiefe Erfahrung erweckt immer den Eindruck, dass sie bleibt, weil sie so spontan tief überzeugend ist. Die plötzliche Konfrontation mit der Alltagsrealität oder mit eingefahrenen Mustern bei mir selbst oder bei anderen kann sehr enttäuschend oder sogar schockierend sein, weil man erwartet hatte, dass die Erfahrung – allen Widrigkeiten zum Trotz – lange anhält.

Eigentlich ist es nicht schlimm, wenn man auf diese Weise enttäuscht wird. Die Frage ist nur, wie man darauf reagiert. Man könnte vermuten, dass das Erlebte Einbildung oder eine oberflächliche emotionale Reaktion war. Das kann immer der Fall sein. Doch zunächst sollte man seiner Erfahrung trauen, sich aber auch vor Augen halten, dass sie kein Geschenk mit froher Dauerwirkung sein soll, sondern auch als Hilfe gedacht ist für die weiteren Stationen und Widerfahrnisse des Weges.

»Wie kann Ihnen denn die angeblich ›zerstörte‹ Erfahrung helfen, die jetzige Enttäuschung zu bewältigen?«, fragte ich einmal einen Mann, der nach einem solchen Erlebnis meinte, dass nun die ganze Erfahrung der Exerzitien nichts mehr wert sei. Er schaute mich ganz überrascht an, aber nach einer Weile hellte sich sein Gesicht auf, und es wurde ihm plötzlich klar, dass die zuvor gemachte Erfahrung geradezu ein Schlüssel war, um mit dieser neuen, enttäuschenden Erfahrung kreativ umzugehen. Einige Zeit später erzählte er mir von der Erkenntnis, dass bei weiteren geistlichen Enttäuschungen, mit denen er regelmäßig zu kämpfen hatte, der Zeitraum immer kürzer wurde, bis er sich nach einem »Reinfall« wieder an frühere Erfahrungen erinnerte und neuen Mut zum Weitergehen fassen konnte. Es ist nicht schlimm, gelegentlich naiv und etwas blauäugig zu sehr auf seine geistlichen Erfahrungen zu bauen; entscheidend ist, ob man allmählich lernt, mehr auf Gott als auf sich selbst zu vertrauen.

»Ich werde nie wieder fallen!«

Ist dieser Satz ein Ausdruck von Gottvertrauen oder von Überheblichkeit? Der Beter unseres Psalms war sicher naiv, geradezu gefährlich naiv und bekennt: »Ich aber, ich wähnte in meiner Sicherheit: Ich werde niemals wanken.« Er sagt nicht, welches konkrete Ereignis oder welche Erfahrungen ihm die innere Sicherheit gegeben hatten; er deutet es nur in einem Bild an: »In deiner Güte, o Herr, hattest du mich auf den schützenden Berg gestellt.« Offensichtlich hatte ihn Gott aus einer großen Bedrängnis gerettet, und dann fühlte er sich sicher. Auf einem Berg oder auf einem Felsen stehen zu können, ist in den Psalmen ein häufiges Bild für Sicherheit und Errettung durch Gott aus großer Bedrängnis.[90] Vielleicht wurde der Beter auch öfter errettet, er hatte sich daran gewöhnt, dass Gott ihm hilft, er fühlte sich sicher und war überzeugt, dass ihm nichts mehr passieren kann, weil Gott ihn immer schützen wird.

Das war naiv. Es war *seine* – gefühlte – Sicherheit. »Ich aber – ich wähnte in *meiner* Sicherheit: Ich werde niemals wanken.« Immer wenn es in den Psalmen heißt »ich aber«, geht es um einen Blick- oder Richtungswechsel. Der Beter schaute nicht auf Gott, sondern auf sich und die Sicherheit, in der er sich wohlfühlte. Wir wissen nicht, was dann passiert ist, jedenfalls stürzte er unversehens in eine Grube, in eine äußerste Not, und auch sein Gott war wie verschwunden: »Doch dann verbargst du dein Antlitz, da fasste mich Schrecken.« Er verfällt in eine Gottesferne und Gottesfinsternis, was ihn tief erschreckt und verunsichert. Trotzdem hält er an seinem Gott fest, er schreit nach ihm und wird – sofort oder nach längerer Leidenszeit? – wieder gerettet. Dann erzählt er von seiner Rettung mit Worten, die auch auf die Beschreibung der Auferweckung Jesu passen, wie vorhin schon erwähnt.

Kehren wir nochmals zur naiven Selbstsicherheit des Beters zurück. In jedem Fall ist Gottvertrauen eine gute Sache – ein Thema, das in der Bibel immer wiederkehrt. Aber Gottvertrauen ist keine Garantie für unfallfreies Leben und kein Ersatz für kluges Abwägen von Risiken. Ich erinnere mich noch gut an eine Situation in meiner frühen Klosterzeit, als man mich schroff aufforderte, doch endlich mehr Gottvertrauen zu haben, obwohl es um eine Entscheidung ging, deren sachliche Grundlage ich in Zweifel ziehen musste. Man kann Nachdenken nicht durch Gottvertrauen ersetzen. Gottvertrauen habe ich dort gelernt – ob es mir gerade passte oder nicht –, wo ich oft vor schier unlösbaren Problemen stand und doch weitergehen musste. Dann kann Gottvertrauen eine ungeheure und überraschende Kraftquelle sein. Aber daraus lässt sich kein Automatismus ableiten, als ob Gottvertrauen immer funktionieren würde. Man würde so riskieren, dass sich dieses angebliche Vertrauen in eine Art Vermessenheit pervertiert. Wann immer ich diesen Psalm bete und einigermaßen wach dabei bin, steigen solche Gedanken und Erinnerungen in mir hoch.

Dem Beter von Psalm 30 scheint etwas Derartiges passiert zu sein. Man könnte auch noch Schlimmeres vermuten, denn er spricht an der entscheidenden Stelle nicht von Gott, auf den er »grundsätzlich immer« vertraut, sondern von sich selbst: »Ich aber – ich wähnte in *meiner* Sicherheit: *Ich* werde niemals wanken.« Es klingt, als wolle er sagen: »Ich bin sicher, ich weiß, wie es geht, es ist *meine* Sicherheit, die ich mir erworben habe, es ist *meine* Erfahrung, die mir Sicherheit gibt.«

Es ist leicht verständlich, wie es zu einer solchen Haltung kommen kann. Nehmen wir beispielsweise verschiedene Erfahrungen auf unserem geistlichen Weg: Es sind Geschenke, die wir uns nicht verdienen können. Zumindest theoretisch ist uns das klar. Aber je länger wir auf dem Weg sind und die Erfahrungen sich vertiefen und uns prägen, desto mehr sind es eben *unsere* Erfahrungen: *Ich* kann oder weiß jetzt das und das, *ich* bin jetzt so – und das habe *ich* erreicht, gleichsam wie einen Besitz. Wenn ich dann noch meine Erfahrungen weitergeben kann und damit sogar Erfolg habe und von anderen verehrt werde, kann sich mein Ich immer mehr aufblähen, das Ego bemächtigt sich der Energie dieser Erfahrungen und verfestigt sich immer mehr. Schließlich betrachte ich mich als einen Wissenden, der sich dann sehr leicht zu einem Besserwisser entwickeln kann.

Thomas Merton, einer der bekanntesten geistlichen Meister des vergangenen Jahrhunderts, hat dieses Phänomen anschaulich beschrieben; es lohnt sich, einige Sätze von ihm zu hören: »Und jetzt denke ich an jene Krankheit namens spiritueller Stolz. Ich denke an die besondere Form der Unwirklichkeit, die sich in die Herzen der Heiligen einschleicht und ihre Heiligkeit auffrisst, noch ehe sie reif ist. Etwas von diesem Wurm steckt in den Herzen aller frommen Menschen. Sobald sie etwas getan haben, wovon sie wissen, dass es in den Augen Gottes gut ist, neigen sie dazu, dessen Wirklichkeit an sich zu nehmen und sie sich zu eigen zu machen. Sie haben den Hang, ihre Tugenden zu zerstören, indem sie sie für sich beanspruchen und ihre eigene private Illusion von sich selbst mit Werten umhüllen, die Gott gehören ... Wer kann Gutes tun, ohne dabei einen gewissen süßen Unterschied zwischen sich und dem allgemeinen Haufen von Sündern in dieser Welt zu verkosten?« Und wenn er dann noch gelobt wird und dieses Lob ihm guttut, wird die Freude darüber »zum verzehrenden Feuer. Die Wärme dieses Feuers fühlt sich recht ähnlich wie die Liebe zu Gott an ... Er brennt vor Selbstbewunderung und denkt: ›Das ist das Feuer der Liebe Gottes.‹ Er hält seinen eigenen Stolz für den Heiligen Geist. Die wohltuende Wärme der Wonne wird zum Kriterium für alles, was er tut«[91].

Diese humorvolle Beschreibung enthält einen guten Schuss Sarkasmus. Offenbar ist Thomas Merton öfter diesem geistlichen Stolz begegnet, vermutlich auch bei sich selbst, wie man bei seiner radikalen Ehrlichkeit annehmen kann. Mit ähnlichen Worten beschreibt schon Evagrius Ponticus im 4. Jahrhundert diese geistliche Krankheit: »Der Dämon des Hochmutes wird der Seele zum Urheber des schlimmsten Falles. Er verleitet sie nämlich dazu, Gott nicht als Helfer anzuerkennen, sondern zu meinen, sie selbst sei Ursache ihrer guten Taten, und sich wider die angeblich unverständigen Brüder aufzublasen, weil sie alle dies über sie nicht wissen.«[92] Auch hier ist das typische Zeichen der Krankheit, dass der Mensch seinen geistlichen Fortschritt nicht Gott, sondern sich selbst zuschreibt und »die anderen« verachtet. Dieser Hochmut wird für den Betroffenen »zum Urheber des schlimmsten Falls«, er kann alles zerstören, was bisher an geistlichem Fortschritt möglich war. Man kann nur stolz sein, weil sich schon etwas entfaltet hat, aber das geht dann möglicherweise durch den Stolz auch wieder verloren beziehungsweise zerstört die Heiligkeit, bevor sie wirklich ausgereift ist, wie Thomas Merton sagt. Aus diesem Grund gilt die Demut als der wichtigste Schutz für die Entfaltung des geistlichen Weges, weil sie radikal Gott ins Zentrum stellt. Nicht umsonst heißt das längste und vielschichtigste Kapitel der Benediktsregel »Über die Demut«[93].

Hierin ist auch der Grund zu finden, warum sogenannte geistliche Meister und Gurus, die nicht in eine gotterfüllte Demut, sondern in die Überheblichkeit und in ein aufgeblähtes Ego hineingewachsen sind, durch Machtmissbrauch aller Art Menschen beschädigen können, die sich ihnen arglos anvertrauen. Wir müssen aber nicht auf die

»Großen« und ihre möglichen Verirrungen schauen; es ist auch für uns selbst eine lebenslange Aufgabe zu lernen, was es heißen könnte, dass Gott voll und ganz die Mitte unseres Lebens ist und wir uns ihm immer mehr anvertrauen, statt ständig um uns selbst zu kreisen.

Brüchiges Gottvertrauen

Die Psalmen kennen aber auch ein brüchiges Gottvertrauen, das sich nicht recht entfalten kann. Psalm 78 ist dafür ein passendes Beispiel. Ein langer Psalm, der zweitlängste überhaupt, der das wechselvolle Verhältnis des Volkes Israel zu seinem Gott schildert, angefangen vom Auszug aus Ägypten über den Wüstenzug bis hin zu verschiedenen Ereignissen im Gelobten Land. Bezeichnend ist eine Stelle während des Wüstenzuges: Das Volk murrte, weil es nichts mehr zu essen hatte. Der Psalm reflektiert dann, wie Gott immer wieder wunderbar eingegriffen hat: bei der Befreiung aus der ägyptischen Sklaverei und bei der Errettung vor dem Heer des Pharao im Roten Meer. Er erwähnt sogar, wie Gott kurz zuvor noch durch Moses Wasser aus dem Felsen strömen ließ, um Mensch und Vieh zu tränken. Aber jetzt zweifeln sie schon wieder, ob Gott wohl helfen kann:

Sie redeten gegen Gott, sie sagten:
»Kann Gott uns denn den Tisch bereiten in der Wüste?
Den Felsen hat er zwar geschlagen,
und es flossen Wasser, es strömten Bäche!
Kann er uns auch versorgen mit Brot
und Fleisch beschaffen seinem Volke?«

Im Angesicht so vieler Wunder zweifeln sie, ob noch ein weiteres möglich ist. Im Anschluss heißt es, Gott habe sich erzürnt ob ihres mangelnden Vertrauens, aber dann handelt er doch, lässt Manna vom Himmel fallen und schickt Schwärme von Vögeln, damit die Israeliten Fleisch zu essen haben. Zunächst sind sie froh darüber, aber nicht zufrieden:

Da aßen sie und wurden reichlich gesättigt.
Er hatte ihnen gebracht, was sie begehrten.
Doch ließen sie nicht ab von ihrem Begehren,
nicht einmal jetzt,
als die Speise in ihrem Mund war.

Sie haben den Mund noch voll, und schon wollen sie etwas anderes, das Nächste haben, sodass Gott sich erneut erzürnt. Es ist ein ständiges Auf und Ab in dieser Beziehung von Gott und Mensch. Zwar heißt es ausdrücklich, dass ihnen bewusst war, »dass Gott ihr Fels, ihr Erlöser ist«, aber »ihr Herz hielt nicht an ihm fest, sie waren nicht treu seinem Bunde«. Ihr Kopf wusste das alles, aber ihr Herz ging andere Wege. Ständig brachen sie den Bund, aber Gott hat sich ihrer immer wieder erbarmt. Der Psalm erläutert das noch an einer ganzen Reihe anderer Beispiele.

Und warum wird dies alles so ausführlich erzählt? In den einleitenden Versen heißt es, das alles solle jetzt ihren Nachkommen erzählt werden, »damit das kommende Geschlecht davon erfahre, die später geborenen Kinder ..., damit sie auf Gott ihr Vertrauen setzen: Sie sollen Gottes Taten nicht vergessen«.

Bei Kursen verwenden wir gelegentlich diesen Psalm. Nach einer kurzen Einleitung verteilen wir Kopien des Textes und ermuntern die Teilnehmerinnen und Teilnehmer, die Worte und Verse zu unterstreichen, die sie an ihre eigene Lebens- und Glaubensgeschichte erinnern. Anschließend können sie dann diese Erfahrungen weiter beschreibend entfalten oder auch auf einem großen Blatt die verschiedenen Stationen darstellen: eindrückliche Geschichten von Gottes

Eingreifen, von eigenem Versagen und Misstrauen, aber auch die Gewissheit, dass es immer eine Geschichte mit Gott war, aus der wir unablässig lernen, damit Gottvertrauen immer tiefer gründen kann. Der Austausch in Kleingruppen, das Hören auf Vertrauens- und Misstrauensgeschichten anderer Menschen vertieft die eigene Erfahrung und das Vertrauen in den weiteren Weg.

Gott lässt nicht locker – und lockt

Im Psalm wird gesagt, dass Gott sich immer wieder erbarmt und dem Volk eine neue Chance gibt. Aber er lässt auch nicht locker. Er sorgt dafür, dass Israel während der vierzig Jahre auf dem Wüstenweg immer wieder in neue prekäre Situationen gerät, in denen sich Glaube und Vertrauen bewähren sollen. Und selbst als die Israeliten im Gelobten Land ankommen, gibt es dort keinen Frieden, sondern weitere Probleme: Sie waren dort nicht unter sich, denn es war ihnen nicht gelungen, alle übrigen Völker, die dort siedelten, zu besiegen oder zu verjagen. So wurden sie zu einer ständigen Bedrohung. Immer wieder kam es zu kriegerischen Auseinandersetzungen. Auf der anderen Seite waren diese Völker aber wegen ihrer religiösen Praktiken für Israel auch attraktiv, weshalb sie eine bleibende Gefahr für den Glauben Israels waren. Im Buch der Richter 2,22f wird darüber reflektiert, was das zu bedeuten habe: »Israel soll durch sie auf die Probe gestellt werden, ob es daran festhält, den Weg des Herrn zu gehen, wie es seine Väter taten, oder nicht. Darum ließ der Herr diese Völker (im Land) und vertrieb sie vorerst nicht.« Gott mutet Israel die ständige Herausforderung zu, sich für ihn zu entscheiden und auf ihn allein zu vertrauen.

Diesen Text aus dem Richterbuch, sogar in der erweiterten Form der Verse 2,20–3,2, empfiehlt Evagrius Ponticus einem Menschen, der ständig mit Zorn oder Mutlosigkeit zu kämpfen hat.[94] Er soll ihn daran erinnern, dass seine immer wiederkehrenden Anfechtungen in Gottes Plan dafür sorgen, dass er sich mit ihnen auseinandersetzt, in Treue und Vertrauen auf seinen Gott. In der Anfechtung lockt Gott den Menschen immer näher zu sich hin. Letztlich ist es seine Barmherzigkeit, die uns nie in Ruhe lässt. Gottvertrauen »hat« man nie im Sinne von Besitz, es muss ständig neu in der Praxis aktiviert werden. Gott selbst sorgt dafür, dass wir dabei in der Übung bleiben.

»Ich laufe nicht davon – ich baue auf deine Liebe!«

Psalm 11 und 13

Psalm 11 und 13 sind sich inhaltlich ähnlich, in beiden geht es um Bedrohung und Errettung, um Klage und Danksagung. Deshalb können sie hier gemeinsam betrachtet werden.

Flucht ist nicht nötig

Der Beter von Psalm 11 wehrt sich gegen den Rat, aus seiner prekären Situation zu fliehen: »Wie könnt ihr mir sagen: ›Vöglein, flieht in eure Berge!‹« Die Bedrohung scheint sehr konkret zu sein: »Denn schon spannen die Frevler den Bogen, legen ihren Pfeil auf die Sehne, im Dunkel zu schießen auf redliche Herzen.«

In Psalm 55 heißt es in einer ähnlichen Situation: »Da sage ich: ›Hätt ich doch Flügel wie die Taube, ich flöge davon und fände Geborgenheit.‹« Dieser Beter würde ohne Weiteres fliehen und sich in Sicherheit bringen, wenn er könnte. Was aber lässt den aus Psalm 11 bleiben und ausharren?

Noch bevor er vom Problem spricht, deutet er schon die Lösung an. Der Psalm beginnt nämlich mit den Worten: »Ich habe Zuflucht gefunden beim Herrn. Wie könnt ihr mir sagen: ›Vöglein, flieht in eure Berge!‹« Anscheinend ging ein Gespräch voraus, bei dem die Gefahr benannt und der Rat zur Flucht gegeben wurde. Der Psalm beginnt jetzt mit der Antwort des Beters, er stehe in einem großen Gottvertrauen und müsse sich deshalb nicht fürchten und verstecken, obwohl die Gefahr drängend ist und die Gegner sozusagen schon »die Messer wetzen« beziehungsweise den Bogen spannen. Aber dieser Mensch hat keine Angst. Er erläutert auch, worin sein Vertrauen gründet: »Der Herr ist in seinem heiligen Tempel; der Herr hat seinen Thron im Himmel.« Er erinnert sich an seinen Gott, der im Tempel beziehungsweise im Himmel thront. Das Bild vom Thronen Gottes ist ein Symbol für seine Überlegenheit, für die Ruhe und den Frieden, in dem Gott über allem thront. »Seine Augen halten Ausschau, seine Blicke prüfen die Menschen.« Gott hat den Überblick, und das genügt dem Beter. Es beruhigt ihn. Das Bild vom ruhigen Thronen Gottes ist anscheinend durch Erfahrung und Erinnerung tief in seiner Seele verankert und verbreitet von innen her in ihm Ruhe und Frieden.

Die Erwähnung der schießbereiten Bogenschützen ist wohl nicht wörtlich gemeint; vor denen müsste er wenigstens vorübergehend in Deckung gehen. Offenbar geht es nicht um konkrete Pfeile, sondern um Angriffe von Menschen, die dem Beter übel wollen und ihm schaden können. Er weiß darum, und die Angst sitzt wohl auch in seiner Seele, aber das Gottvertrauen überwiegt; er muss zunächst einmal nicht fliehen, sondern kann die Konfrontation mit den Feinden aushalten.

Dazu passt eine Illustration aus dem Stuttgarter Psalter, die allerdings nicht zu unserem Psalm 11 gehört, sondern zu Psalm 13, der eine ähnliche Situation schildert. Der Beter steckt in einer lang anhaltenden Bedrängnis und fragt seinen Gott in immer neuen Wendungen:

Wie lange noch, o Herr?
Willst du mich für immer vergessen?

Wie lange noch verbirgst du mir dein Antlitz?
Wie lange noch muss ich Sorgen tragen in meiner Seele,
Kummer in meinem Herzen alle Tage?
Wie lange noch darf mein Feind über mich triumphieren?

Dann fleht er intensiv um Gottes Beistand. Und schon nach wenigen Versen stößt er auf den Grund seines Gottvertrauens:

Ich aber baue auf deine Liebe,
mein Herz soll jubeln über deine Hilfe.
Dem Herrn will ich singen,
weil er mir Gutes getan hat.

Er erinnert sich an die Liebe Gottes, auf die er sich verlassen kann. Das lässt ihn jetzt schon jubeln und Gott danken, obwohl die Bedrängnis noch andauert. Die letzten Verse erwecken den Eindruck, als ob sie erst nach der Rettung gesprochen würden. Aber beim Schema der Klage- und Dankpsalmen ist davon auszugehen, dass die Gewissheit der Erhörung und Errettung »in der Form des vorweggenommenen Danklieds verkündet wird«[95]. Die Heilsgewissheit kann schon während des Kampfes innere Ruhe und sogar Freude und Dankbarkeit bewirken. Das lässt sich an der Illustration zu Psalm 13 geradezu ablesen:

Ein Reiter stürmt mit wehendem Mantel und angelegter Lanze auf einem galoppierenden Pferd auf den Beter zu. Dieser steht ruhig da, keine Falte seines Mantels bewegt sich, er hat die Hände erhoben und schaut den Angreifer ruhig an. Die Situation ist unwirklich. Niemand wird einfach so stehen bleiben, und selbst wenn die erhobenen Hände »Hände hoch!« signalisieren, dürfte es schon zu spät sein. Sollte es eine Gebetshaltung sein, wäre das wohl auch ein wenig naiv. Es bedeutete wohl den sicheren Tod.

Das Bild ist nur verständlich, wenn es als eine Art Seelenbild verstanden wird, als eine Darstellung dessen, was in der Seele des Beters vor sich geht: Er spürt in seinem Inneren die Angst, die aufgrund der bedrohlichen Situation, in der er sich befindet, in ihm aufsteigt; das wird durch den galoppierenden Reiter und seine wurfbereite Lanze symbolisiert. In seinem Herzen ist aber auch das Wissen um die Liebe Gottes, auf die er sich verlassen kann, oder im Blick auf Psalm 11 könnte es die Erinnerung an den Gott sein, der in absoluter Ruhe in seinem Tempel thront, nicht nur im fernen Himmel, sondern auch im Herzen des Beters seinen Platz hat. Dieser Teil seiner Seele wird von der Gestalt symbolisiert, die mit erhobenen Händen in Gebetshaltung dasteht, völlig bei sich selbst und angstfrei mit offenen Augen. Der Psalmenbeter ist also nicht nur seiner Angst ausgeliefert, er steht auch gleichzeitig in enger, vertrauensvoller Beziehung zu seinem Gott, friedlich und angstfrei.

In den Kursen, die ich leite, erläutere ich oft dieses Bild und gebe es den Teilnehmern mit, und zwar in einer kleinen Kopie, die man in den Geldbeutel oder in die Brieftasche stecken kann, wo sie einem mitten im Alltag immer wieder ins Auge fällt. Schon oft habe ich die Rückmeldung bekommen, dass der Anblick dieses kleinen Bildchens mitten in einer schwierigen Situation innere Ruhe und Gottvertrauen schenkt. Damit ist natürlich das jeweilige Problem noch nicht gelöst, aber das Bild erinnert daran, dass nicht nur Angst oder Zorn im Herzen regieren kann, sondern dass dort auch ein Ort für das stille Thronen Gottes ist. Das schenkt Gelassenheit, um das anstehende Problem in Ruhe anzugehen oder auch über längere Zeit auszuhalten, ohne daran zu zerbrechen.

Dazu passt ein kleiner Text aus den Tagebüchern von Etty Hillesum, einer jungen jüdischen Frau aus Holland, die 1943 in Auschwitz umgebracht wurde. Als sie von immer neuen Grausamkeiten gegen die Juden erfuhr, notierte sie: »Aber ich schließe mich davor nicht in meinem Zimmer ein, Gott, ich halte die Augen offen und will vor

Stuttgarter Psalter, Paris, 825–830

nichts davonlaufen, sondern versuche, auch die schlimmsten Verbrechen irgendwie zu begreifen und zu ergründen ... Ich stehe Auge in Auge mit deiner Welt, Gott, und flüchte mich vor der Realität nicht in schöne Träume – obwohl ich glaube, dass auch neben der grausamen Realität noch Platz für schöne Träume ist – ich preise weiterhin deine Schöpfung, Gott – trotz allem!«[96] Es ist ein erstaunlicher Text. Zweimal sagt sie, dass sie mit offenen Augen diese grausame Realität wahrnehmen und nicht innerlich davonlaufen will. Und trotzdem kann sie sich auch noch an der Schöpfung freuen und Gott dafür danken. Die schrecklichen und die tröstlichen Bilder sind gleichzeitig in ihrer Seele. Unmittelbar vor diesen Worten berichtet sie über einen Spaziergang im Mai: »Wir kamen an Flieder und kleinen Rosen und deutschen Wachtposten vorbei.«[97] Sie nimmt die Rosen und den Flieder genauso wach wahr wie den beunruhigenden Anblick der deutschen Besatzer. Es geht ihr nicht um Flucht und Verdrängung, sondern um Hinschauen und Aushalten, im Gespräch mit ihrem Gott.

Flucht ist erlaubt

Trotzdem kann auch Flucht eine wichtige oder gar notwendige Reaktion sein. Abba Poimen, ein berühmter Wüstenvater, sagt kurz und bündig: »Zuerst: Fliehe einmal! Das Zweite: Fliehe! Und das Dritte: Werde ein Schwert!«[98] Es kann notwendig sein zu fliehen, weil die Kraft zum Widerstand nicht ausreicht, man kann oder muss vielleicht sogar häufiger fliehen, aber dann sollte man eines Tages ein Schwert werden, also den Kampf aufnehmen. Ähnlich wird von Abba Isidor, einem anderen Wüstenvater, berichtet, dass er in der Stadt auf dem Markt war, um kleine Dinge, die er selbst hergestellt hatte, zu verkaufen. Als er dort wegen einer Sache in Zorn geriet, ließ er alles stehen und liegen und floh, um den Ausbruch des Zorns zu vermeiden.[99] Dabei ist zu bedenken, dass Isidor dafür bekannt war, dass er im Umgang mit seinem zornigen Wesen besonders weit fortgeschritten war. Möglicherweise stammt das hier geschilderte Ereignis aus einer Zeit, als ihm das noch nicht so gut gelang und er vorsichtshalber lieber geflohen ist, statt einen Zornesausbruch zu riskieren.[100] Flucht ist dann keine Schande, sondern ein Zeichen von Klugheit.

Es gibt in den Sprüchen der Wüstenväter auch eine längere Geschichte zur Frage, ob man sich allen Problemen stellen muss oder auch ausweichen darf. Es wird dort einem berühmten Mönchsvater von zwei verschiedenen Mönchen die Frage gestellt, ob sie sich mit den Problemen, die auf sie einstürmen, auseinandersetzen oder sich diese lieber vom Leib halten sollen. Dem einen Mönch, der schon viel Erfahrung hat, rät er, die Probleme an sich heran- und in sich hineinzulassen, um sich mit ihnen auseinandersetzen und an ihnen zu wachsen. Dem anderen Mönch, der noch am Anfang des geistlichen Weges steht, rät er dringend, sich die Probleme zunächst vom Leib zu halten, weil sie stärker sind als er. [101]

Der Mönchsvater Evagrius Ponticus hat dafür das Bild vom Türhüter geprägt. Dabei geht es eigentlich nicht um Flucht, sondern darum, dass wir das, was uns hilft und fördert, in uns einlassen, aber alles, was uns schadet, »wegschicken«, auf Distanz halten sollen.[102] Je mehr Erfahrung jemand im geistlichen Kampf hat, desto mehr kann er an sich heranlassen, desto mehr kann er sich ihm stellen. Es gehört aber auch zur geistlichen Klugheit, zu spüren, wenn man – wenigstens vorläufig – lieber fliehen oder auf Distanz gehen sollte.

Auf einer meiner Reisen nach Peru habe ich dazu eine unvergessliche Erfahrung gemacht. Mit meinen peruanischen Freunden besuchte ich die Ruinen einer der frühesten Kulturen des Landes. Der dortige Fremdenführer kam im Lauf seiner Erklärungen immer häufiger auf gewalttätige und grausame Praktiken jener Epoche zu sprechen, die zudem offensichtlich mit dem Gebrauch starker Drogen verbunden waren. Allmählich fühlte ich mich unwohl, als hätte dieser Ort eine ungesunde Prägung. Ich nahm das zunächst nicht sehr ernst. Als sich die Führung dann in unterirdischen Gängen und Räumen fortsetzte, wurde mir plötzlich recht mulmig, und ich hatte den Eindruck, ich könnte ohnmächtig werden. Geistesgegenwärtig floh ich nach oben an die frische Luft und konnte wieder aufatmen.

Nach einiger Zeit kamen auch meine peruanischen Freunde nach oben, leichenblass und völlig irritiert. Es dauerte ziemlich lange, bis sie sich wieder gefasst hatten. Dann verließen wir schleunigst die Ruinen. Wir haben oft Orte besucht, die eine starke positive Ausstrahlung hatten, sogenannte Kraftorte, aber es gibt auch Plätze, die wie verwunschen sind, irgendwie unerlöst. Später erzählten wir einem befreundeten Heiler von diesem Erlebnis. Er sagte dann ruhig und lakonisch: »Jeder muss wissen, wo seine Grenzen sind.« Notfalls sei dann Flucht die beste Lösung. Es war ihm nicht wichtig, was dort eigentlich war oder passiert war, sondern dass wir eine Lektion lernten: unsere Grenzen zu erkennen und zu respektieren. Oft ist es besser, die Hände von etwas zu lassen, statt »den starken Mann«

zu spielen. Ich war ein wenig stolz darauf, dass ich rechtzeitig die Grenze bemerkt und spontan reagiert hatte und dass ich mich dieses Mal bei der Flucht aus einer Gefahr nicht schämen oder verteidigen musste. Fliehen kann eine geistliche Taktik sein, die nicht zurückwirft, sondern weiterbringt.

Zuflucht ist besser

Neben der Flucht gibt es auch die Zuflucht, ein Wort, das in den Psalmen unablässig vorkommt. Zuflucht wird dort oft beschrieben wie das Stehen auf einem Felsen, wie das Geborgensein unter den Flügeln Gottes oder in einer festen Burg. Psalm 11 beginnt direkt mit den Worten: »Ich habe Zuflucht gefunden beim Herrn. Wie könnt ihr mir sagen: ›Vöglein, flieht in eure Berge!‹« Der Beter ist nicht von etwas weg, sondern zu jemandem hin geflohen. Dabei geht es wohl nicht in erster Linie um einen Ortswechsel, sondern um eine innere existenzielle Hinwendung zu dem, der in letzter Kompetenz Trost und Hilfe sein kann. Zuflucht ist so etwas wie ein Eintreten in einen inneren Schutzraum, in den Schutzraum von Gebet und Gottvertrauen.

Davon spricht auch die eben erwähnte Etty Hillesum in einem weiteren Eintrag in ihrem Tagebuch: »Die Bedrohung von außen wird ständig größer, der Terror wächst mit jedem Tag. Ich ziehe das Gebet wie eine dunkle, schützende Wand um mich hoch, ziehe mich in das Gebet zurück wie in eine Klosterzelle und trete dann wieder hinaus, ›gesammelter‹, stärker und wieder gefasst.«[103] Gebet ist für sie wie eine Schutzmauer, die man hochziehen kann, oder wie der Rückzug in eine stille Klosterzelle, um dort ganz bei Gott zu sein. Der Ort der Zuflucht ist wie eine Quelle neuer Kraft, und dann tritt sie erneut hinaus, gestärkt und innerlich gesammelt. Zuflucht bei

Gott ist gleichsam der Hintergrund, der Urgrund ihres Mutes, aus sich herauszugehen und sich der Realität zu stellen.

Das klingt wie eine einfache Methode, ist es aber nicht. Der Gebetskampf kann sehr lange dauern, wie Etty Hillesum beispielhaft im Fortgang dieses Tagebucheintrages reflektiert: »Und ich könnte mir vorstellen, dass Zeiten kommen, in denen ich tagelang auf den Knien liegen muss, bis ich endlich fühle, dass mich wieder Mauern umgeben, in deren Schutz ich nicht an mir selbst verzweifeln kann, mich nicht verliere und zugrundegehe.«[104] Sie ahnt, dass die Zeiten noch schwerer werden und damit auch die Intensität des inneren Ringens und Betens noch stärker werden muss. Obwohl Gott für sie sehr nahe und in ihrem Inneren gegenwärtig ist, kann der Zugang zu ihm auch mühsam und zeitraubend sein: »In mir gibt es einen ganz tiefen Brunnen. Und darin ist Gott. Manchmal ist er für mich erreichbar. Aber oft liegen Steine und Geröll auf dem Brunnen und dann ist Gott begraben. Dann muss er wieder ausgegraben werden.«[105] Die Beziehung bleibt gefährdet, aber sie ist tief und intim und taugt auch für noch größere Prüfungen. Ein Beweis dafür ist das letzte schriftliche Zeugnis von Etty Hillesum, einige Sätze auf einem Zettel, den sie aus dem Güterwagen geworfen hat, als man sie in Richtung Auschwitz abtransportierte: »Ich schlage die Bibel an einer willkürlichen Stelle auf und finde: Der Herr ist meine starke Burg. Ich sitze mitten in einem überfüllten Güterwagen auf meinem Rucksack.«[106] Selbst in dieser unvergleichlich bedrohlichen Situation ist das Bild von Gott als schützende Zuflucht in ihr lebendig.

Bezüglich des Psalms 11 gibt es eine sprachliche Beobachtung, die das bisher Gesagte noch vertieft: Schwester Justina Metzdorf aus der Abtei Mariendonk, die sich intensiv mit Bibel und Kirchenvätern befasst, hat dargelegt, dass im hebräischen Text von Vers 4b »Seine Augen halten Ausschau, seine Blicke prüfen die Menschen« für dieses Schauen Gottes ein relativ seltenes Wort benutzt wird, das ein inneres und tieferes Sehen und Schauen meint. Wenn es dann im letzten Vers heißt, dass der Gerechte seinerseits Gottes Antlitz schauen darf, wird dasselbe hebräische Wort verwendet wie für das Schauen Gottes selbst. Justina Metzdorf folgert daraus: »Sollte es kein Zufall sein, dass der Psalm hier für den Blick Gottes auf den Menschen und den Blick des Menschen auf Gott dasselbe Wort benutzt, nämlich ›einblicken‹, dann würde durch die Wortwahl in diesem Psalm jene eschatologische Begegnung von Gott und Mensch anklingen, die Paulus in 1 Korinther 13,12 beschreibt: ›Dann schauen wir von Angesicht zu Angesicht ... dann werde ich durch und durch erkennen, so wie ich auch durch und durch erkannt worden bin.‹«[107] Auf jeden Fall weiß der Beter, dass es zwischen ihm und seinem Gott diesen gegenseitigen Blick tieferen Erkennens gibt, ein Anschauen und Angeschaut-Werden. Es handelt sich dann um eine Beziehung, die schon länger andauert, sodass die Zuflucht, die der Beter gefunden und an den Anfang seines Psalms gestellt hat, nicht eine gelegentliche Unterkunft für eine aktuelle Notlage ist, sondern dass er sich schon länger in einer intensiven Beziehung zu seinem Gott geborgen weiß. Weil er innerlich so intensiv auf seinen Gott schaut, kann er – wie der Beter in der Illustration zu Psalm 13 – auch angstfrei auf die Gefahr schauen, die ihm droht. Diese Zuflucht ist verheißungsvoller als jede Art von Flucht.

Ruhe mitten im Sturm

Psalm 23

Psalm 23 ist einer der bekanntesten Psalmen. Schon in der frühen Kirche hatte er eine zentrale Bedeutung bei Taufe und Eucharistie. Viele Christen kennen ihn auswendig oder haben wenigstens den Anfang als begleitendes Gebetswort gewählt: »Der Herr ist mein Hirte, nichts wird mir fehlen.«

Psalm 23 ist ein tröstlicher Text, aber dieser Trost löst nicht einfach die Probleme auf. Der Psalm zeigt uns vielmehr, wie man trotz und inmitten von Problemen einen Weg zum Frieden finden kann. Dabei geht es mir hier nicht um die ganze Fülle der Anregungen und Bilder dieses Psalms, sondern ich möchte nur zwei Verse exemplarisch auswählen. Zunächst Vers 5: »Du deckst mir den Tisch vor den Augen meiner Bedränger.«

»Wir gehen jetzt erst mal Kaffee trinken!«

Diese Formulierung kann etwas überraschend wirken. Als sie mir eines Tages auffiel – obwohl ich diesen Psalm schon viele Jahre gebetet hatte –, stimulierte das bei mir allerhand Gedanken. Es würde doch schöner klingen, meinte ich, wenn es hieße: »Du vertreibst meine Feinde, damit ich in Ruhe essen kann.« Aber: Da wird der Tisch gedeckt, und böse Menschen, Neider, Schwätzer, Menschen, die mir übelwollen, stehen herum und gaffen mich an. In ihrer Gegenwart, in dieser unangenehmen Gegenwart feindseliger Menschen soll mir der Tisch gedeckt und das Essen serviert werden. Ob ich da in Ruhe essen kann?

Aber vielleicht sind diese Menschen gar nicht wirklich gegenwärtig, vielleicht sind sie nur in meiner Erinnerung und Fantasie da, was aber trotzdem zur Folge hat, dass sie mir beim Essen keine Ruhe lassen. Die Angst oder der Ärger, die der Gedanke an diese Menschen auslöst, sind gegenwärtig. Was heißt das? Wie kann der Psalm mir in einer solchen Situation helfen?

Während ich mich mit dieser Frage beschäftigte, erzählte ich einer Bekannten, dass ich dazu gerne etwas schreiben wollte und dass mich am Psalm der Gedanke fasziniert, trotz Feinden und Anfechtungen werde mir in aller Ruhe der Tisch gedeckt. Offenbar ein friedliches Bild inmitten von Durcheinander. Da lachte sie und sagte, wenn sich bei der Arbeit in ihrer Frauengruppe die Dinge manchmal verkomplizierten und es nicht recht weitergehen wolle, dann sage eine von ihnen: »Jetzt gehen wir erst mal Kaffee trinken.« Beim Kaffee geht es dann lustig zu, denn eigentlich mag man sich ja.

Die Kaffeerunde ist friedlich und locker, obwohl die Probleme noch ungelöst sind. Statt sich ins Problem zu verbeißen, gönnt man sich etwas gemeinsame Entspannung, durchaus im Wissen um das Ungelöste. Das kann man dann in Ruhe hinterher wieder angehen. Es handelt sich hier um eine schlichte Alltagserfahrung, die aber eine tiefe Logik besitzt und auch in wesentlich existenzielleren und gar lebensbedrohlichen Situationen einen hilfreichen Weg aufzeigen kann – vor allem aber auf der Ebene des Glaubens. Dazu im Folgenden einige Hinweise.

Das Mahl im Angesicht des Todes

»Du deckst mir den Tisch vor den Augen meiner Bedränger.« Dieses Wort können wir auch mit dem letzten Mahl Jesu in Beziehung setzen: ein Essen im Augenblick tödlicher Bedrohung. Die Feinde Jesu ziehen das Netz ihrer Verfolgung immer enger, sogar der Verräter sitzt mit am Tisch. Und doch vermittelt die Beschreibung dieses letzten Mahls eine Atmosphäre von Intimität und Frieden. »Ich habe mich sehr danach gesehnt, vor meinem Leiden dieses Paschamahl mit euch zu essen«, sagt Jesus in Lukas 22,15. Er spricht von der Sehnsucht, nochmals, ein letztes Mal mit seinen Jüngern zusammen zu sein, und er wird sie jetzt »Freunde« nennen (vgl. Johannes 15,14f). In der selbstlosen Geste der Fußwaschung zeigt Jesus, dass diese Liebe, diese freundschaftliche Verbundenheit bis ans Äußerste zu gehen bereit ist. Die äußere Situation ist lebensbedrohlich, aber gleichzeitig gibt es hier einen inneren Raum von Intimität und Hingabe. Es ist gleichsam ein Raum des Friedens, in dem die Liebe lebt, trotz oder gerade in dieser äußersten Bedrohung und feindlichen Umgebung.

Hier ist die Stunde, aus der sich die Feier der Eucharistie entwickelt hat, eines der Herzstücke unseres Glaubens. In meinem langen Leben habe ich viele Diskussionen über den Sinn und die »richtige« Feier der Eucharistie erlebt. Wenn mir all das gelegentlich während der Messe in den Sinn kam und mich zu verwirren drohte oder andere Lebensprobleme sich emotional in den Vordergrund drängten, dann nahm ich meine Zuflucht zu diesem Bild: der Abendmahlsaal, Intimität, Freundschaft, Hingabe im Angesicht des Todes. Auf einmal war alles gut. Das heißt: Es war nichts gelöst, aber es war gut. »Du hast mir Raum geschaffen in der Bedrängnis«, heißt es in Psalm 4,2. Es öffnete sich ein Raum des Glaubens, der wieder durchatmen ließ und frohe Feier ermöglichte. Die bedrohliche Enge weitete sich nach innen.

Ein bewegendes Zeugnis für die Erfahrung des letzten Mahls im Angesicht der Feinde findet sich in der Beschreibung der letzten Tage von Peter Yorck zu Wartenburg, der im Zusammenhang mit dem Attentat auf Hitler am 20. Juli 1944 in Berlin-Plötzensee hingerichtet wurde. Er wusste, dass sein Tod unmittelbar bevorstand, und setzte sich intensiv mit seinem Glauben und seiner Gottesbeziehung auseinander. Nach einem letzten gemeinsamen Abendmahl im Gefängnis war er – wie er in einem Brief schreibt – in einer »fast unheimlichen Erhobenheit, ich möchte es eigentlich Christus-Nähe nennen«[108]. In dieser unentrinnbaren Todessituation, umgeben von menschenverachtenden Feinden, eröffnet das heilige Mahl einen inneren Raum der Christusnähe, die den Tod nicht fürchten muss, weil er Tor zum Leben ist.

Eine bewegende Szene mit ähnlicher Intensität wie das letzte Abendmahl zeigt auch der Film »Von Menschen und Göttern« über die Trappistenmönche von Thibirine, der zu einem Kinoerfolg geworden ist: Französische Trappistenmönche leben in Algerien in friedlicher Nachbarschaft mit der muslimischen Bevölkerung, bis islamistische Terroristen den Frieden stören und auch die Regierung die Mönche loswerden möchte. Diese sind entschlossen zu bleiben, weil auch die muslimischen Nachbarn darum bitten. Aber es wird immer gefährlicher für sie. Der Film zeigt das letzte Abendessen der Brüder, nachdenklich und heiter zugleich. Sie gönnen sich sogar – wohl eine Seltenheit – ein Gläschen Rotwein und hören festliche Musik. Der Prior erinnert in einer kurzen Ansprache an den ersten erschreckenden »Besuch« der Terroristen im Kloster und sagt, trotz dieses Schreckens hätten sie sich nur zwei Stunden später zur weihnachtlichen Vigilfeier und Eucharistie in der Kapelle versammelt, beides gehöre zusammen. Das Weihnachtsfest stand vor der Tür, aber es habe auch zu ihrer Entscheidung gepasst – wie Jesus selbst unter den Menschen gegenwärtig zu sein und unbeirrt die Liturgie zu feiern, sozusagen »im Angesicht meiner Bedränger«. Wenige Stunden später werden sie gewaltsam entführt und später grausam getötet.

Kurz vor diesem Abendessen zeigt der Film die Szene, in der der Prior jeden Bruder auffordert zu sagen, ob er auf jeden Fall bleiben oder doch lieber in die Heimat zurückkehren wolle. Alle stimmen dem Bleiben zu, auch jener Bruder, der mehrmals dagegen gesprochen hatte. Er kleidet seine Entscheidung in die Worte: »Lassen wir Gott die Tafel herrichten – für alle, für Freunde wie Feinde.« Er sieht offenbar das gemeinsame Leben wie ein Sitzen an der Tafel, die Gott bereitet – »du deckst mir den Tisch vor den Augen meiner Bedränger«, wie der Psalm formuliert. Hier geht dieser Bruder jedoch noch einen Schritt weiter: Gott darf auch den Feind mit an den Tisch setzen; Freunde und Feinde sind in Gottes Hand. Meint er damit, dass sich die Feinde vielleicht zu Freunden entwickeln oder dass er auch den Feind, der ihn vielleicht töten wird, als Tischgenossen akzeptieren würde, so wie Jesus den Judas akzeptierte und ihm sogar die Füße gewaschen hat? Bei der Mentalität der Brüder von Thibirine dürfte wohl die zweite Alternative naheliegen. Der Prior hatte schon Jahre zuvor in seinem Testament auch seinen eventuellen Mörder angesprochen als den »Freund der letzten Stunde, der nicht weiß, was er tut«[109]. Hier bekommt das Bild aus dem Psalm eine neue Qualität: Der Feind wird an den Tisch geholt, selbst wenn er der künftige Mörder ist. Der Bruder schließt von sich aus Frieden mit ihm, er »entfeindet« ihn, um hier einen Ausdruck des jüdischen Religionsphilosophen Pinchas Lapide zu verwenden, der im Blick auf die Bergpredigt von »Entfeindungsliebe« gesprochen hat. Es gibt einen inneren Raum des Friedens, in dem auch der Feind seinen Platz hat und zum Bruder werden kann, jenseits des Freund-Feind-Schemas und jenseits von Leben und Tod.

Osternacht im Krieg

Johannes Mahr hat bei der Bearbeitung der Quellen zu einem mehrbändigen Werk über die Abtei Münsterschwarzach kürzlich einen Brief entdeckt, der noch von einer anderen Seite her einen Blick auf den Psalmvers liefert. Der Brief wurde 1944 von Frater Willigis Erhardt geschrieben, der damals Novize der zu diesem Zeitpunkt von den Nazis aufgehobenen Erzabtei St. Ottilien war. Frater Willigis war als Soldat in Kitzingen stationiert und hatte erfahren, dass in der benachbarten, inzwischen ebenfalls aufgehobenen Abtei Münsterschwarzach trotzdem die Liturgie der Karwoche gefeiert würde. Ein Teil der Brüder war nach der Aufhebung dienstverpflichtet worden, um den äußeren Betrieb der Abtei, die in ein Lazarett verwandelt worden war, aufrechtzuerhalten. Pater Theophil Lamm leitete diese Gruppe von Brüdern, während Abt Burkard Utz in einem Schwesternkloster in Würzburg interniert war.

Frater Willigis erzählt nun in einem mehrseitigen Brief an einen Freund, wie er zusammen mit Pater Theophil und den Brüdern die Liturgie der Kar- und Ostertage vorbereitet hatte, wie sie die damals noch lateinische Liturgie ins Deutsche übersetzt und die Gesänge eingeübt hatten. Neben vielen Einzelheiten berichtet er immer wieder von der Begeisterung, mit der er und die Brüder und die vielen Gottesdienstbesucher gesungen haben. Es war auch eine Gesangsgruppe aus der Würzburger Jugendbewegung gekommen, die für schwungvolle Musik sorgte und in ihrer Freude auch nach dem Ostergottesdienst noch ein kleines Konzert für die Kirchenbesucher gab. Am Nachmittag des Ostertages haben die Brüder dann auf der Insel im Klosterweiher fröhlich gesungen und gefeiert.

Der ganze Brief ist voller Begeisterung an der Liturgie und am Gesang, und das im Jahr 1944, in der mörderischen Phase des Bombenkrieges, zu einer Zeit, als die Abtei aufgehoben, die Abteikirche eigentlich geschlossen war und dort kein Gottesdienst gefeiert werden durfte. Anscheinend hatten die zuständigen Stellen alle Augen zugedrückt, aber man wusste ja nie, wann die staatlichen Stellen zuschlagen – »Du deckst mir den Tisch vor den Augen meiner Bedränger«.

Bei all der Freude, die den Brief durchzieht, wird nie der Krieg erwähnt. Das Fest hatte Vorrang. Aber ganz am Ende wird Frater Willigis doch nachdenklich und zitiert für seinen Freund einen Text des Mönchsvaters Isaak von Antiochien mit der Bemerkung, dass dieser »für unsere Tage geschrieben sein könnte«. Es heißt da: »Gott ruft uns heute wie von der Ferne. Er kündet uns die Drangsal an. Wenn er uns wirklich in sie hineinführt, dann wird er selbst in unserer Mitte sein. Lasst uns jetzt keine Furcht haben in der Zeit der Prüfung, sonst zeigen wir, dass unsre Liebe bereits erloschen ist, da wir ihn zurückweisen, wie er uns ganz nahe kommen will ...« Es ist ein erstaunlicher Text, den dieser junge Mann hier zitiert. Egal, was kommt, wenn Gott uns in die Drangsal führt, *»dann wird er selbst in unserer Mitte sein«*. Sie hatten in diesen Gottesdiensten erfahren, dass er in ihrer Mitte ist, trotz der Bedrängnisse der Zeit und der Bedränger in nächster Umgebung. Ihr Glaube und ihre Freude »am gedeckten Tisch« der Liturgie hat ihnen inmitten schrecklicher Kriegszeit einen Freiraum der Freude geschaffen: »Du hast mir Raum geschaffen in der Bedrängnis – vor den Augen meiner Bedränger.« Der Brief schließt »mit einem osterfrohen Alleluja«[110]. Wenige Tage danach musste Frater Willigis an die Ostfront, von der er heil zurückkam und viele Jahre in St. Ottilien leben und wirken konnte. Ich habe ihn selbst in guter Erinnerung aus der Zeit meines Studiums in St. Ottilien.

Ein Kloster in der Sturmflut

Auch Vers 4 des Psalms lohnt eine Betrachtung im Zusammenhang mit unserem Kloster:

Muss ich auch gehen in finsterer Schlucht,
ich fürchte kein Unheil:
Du bist ja bei mir!
Dein Stab und dein Stecken,
sie geben mir Zuversicht.

In einem unserer Sprechzimmer im Kloster hing immer ein Bild des heiligen Christophorus. Darauf hält der kleine Jesusknabe auf seiner Schulter ein Modell der Abteikirche von Münsterschwarzach in den Händen. Ich empfand das immer wie eine harmlose Spielerei und habe dieses Bild nie besonders beachtet. Eines Tages, während ich auf jemanden wartete, schaute ich mir das Bild doch näher an und entdeckte zu meiner Überraschung neben dem Monogramm eines Namens das Datum 29.10.1944 – zu diesem Zeitpunkt war die Abtei aufgehoben. Einige Mitbrüder wussten mehr über dieses Bild. Es wurde gemalt von Dr. Johannes Hohmann, der als Arzt im Lazarett arbeitete, das im aufgehobenen Kloster untergebracht war. Offenbar ein frommer Mann, der hoffte, dass die Abtei trotz allem behütet ist und gerettet werden kann.

Christophorus geht nicht – wie es im Psalm heißt – durch eine finstere Schlucht, sondern durch einen aufgewühlten Fluss. Ein gewaltiger Sturm biegt den Baum, den er als »Stab und Stecken« benutzt – wie es im Psalm heißt –, und wirbelt die Blätter durch die Luft. Der Jesusknabe, der nackt und ungeschützt auf seiner Schulter sitzt, hält das Modell der Abteikirche, die erst sechs Jahre zuvor

Johannes Hohmann, 29.10.1944

fertiggestellt worden war, mit entschiedener Geste in die Höhe, er will das Kloster retten. Christophorus schaut nach oben, er ist müde und angestrengt, er verdreht sich fast den Hals, um zum Jesusknaben aufschauen zu können. Er schaut nicht auf das Kloster, sondern in die Augen des Kindes, das sich zu ihm herabbeugt. Ihre Blicke treffen sich, sie wirken ernst und entschieden wie zwei, die sich einig sind, den Weg durch Dunkelheit und Sturm gemeinsam durchzuhalten. Der stürmische Charakter dieses Bildes deutet auch auf den Ausdruck vom »Klostersturm«, der während der Periode der Aufhebung der Klöster die Runde machte.

Was ging wohl in diesem Arzt vor sich, der nicht nur die Tragödie des Klostersturms vor sich sah, sondern auch tagtäglich das entsetzliche Leid der verwundeten und verstümmelten Soldaten? Ein damals 17-jähriger Verwundeter berichtet, dass viele der dort stationierten Kopfschüsse erlitten hatten und in ihren Schmerzen laut schrien und um sich schlugen, was für die anderen Soldaten oft kaum zu ertragen war.[111] In dieser Atmosphäre hat Dr. Johannes Hohmann dieses Bild gemalt. Aber er lässt Christophorus – und das ist wohl auch er selbst – nicht in die aufgewühlten Fluten starren, auch nicht auf das Schicksal des Klosters, sondern er sucht die Augen Jesu, der ebenfalls nicht auf das Kloster starrt, sondern auf den Mann, der für ihn die Arbeit an den Kranken tut und der sich fast den Hals verrenkt, um in seine Augen schauen zu können. In Psalm 80,4 heißt es: »Gott, richte uns wieder auf! Lass dein Angesicht leuchten, dann sind wir gerettet!« Das strahlende Antlitz Gottes verheißt Rettung.[112] Dieser Blick in die Augen Jesu, der von einem Strahlenkranz umgeben ist, ist der ruhende Punkt in diesem Chaos, das »Du bist ja bei mir« des Psalms. Der aufwühlende Sturm bleibt, das Dunkel der Schlucht bleibt bestehen, aber es gibt den Blick in die Augen, der tiefer geht und an die eigentliche Quelle rührt, die leben hilft und auch dem Arzt die Kraft schenkt, für seine Patienten zu arbeiten – trotz allem und in allem Chaos. Im Oktober 1944 war nicht klar, wie all das Elend enden würde, aber es gab den tieferen Blick, der vor Verzweiflung schützte und Hoffnung zum Weitergehen gab, bis es eines Tages wieder lichter wird.

Während ich an diesem Kapitel schrieb, fiel mir ein kleiner Zettel mit einem Text von Ernesto Cardenal in die Hände, den ich vor Jahren einmal abgeschrieben hatte. Ich möchte ihn hier abschließend anfügen – als ein mögliches Licht in finsterer Schlucht oder tosendem Sturm: »Es gibt Augenblicke, da fühlen wir Seine Augen auf uns, Augen, die uns mit einer unendlichen Intensität anschauen, fest auf uns gerichtet, durch alle Ewigkeit hindurch. Und manchmal fühlen wir, dass unsere Seele Ihn anblickt, die Augen unermesslich weit geöffnet, ganz dem Schauen hingegeben, die ganze Seele verwandelt in Blick.«[113]

Singen unter Löwen

Psalm 57 und 59

Nach den Hinweisen in den Überschriften dieser beiden Psalmen stammen sie beide von David und reflektieren betend den Konflikt zwischen ihm und Saul. In der Überschrift zu Psalm 57 heißt es: »Ein Davidslied ... Als er vor Saul floh. In der Höhle.« Und zu Psalm 59: »Ein Davidslied ... Als Saul hinschickte und sie das Haus bewachten, um ihn zu töten.«[114] Ob diese Psalmen wirklich in der Konfliktsituation zwischen Saul und David entstanden sind, lässt sich nicht beweisen. Jedenfalls sprechen beide von Verfolgung und lebensbedrohlichen Situationen, die nicht nur punktuell vorhanden sind, sondern anscheinend über längere Zeit andauerten und vielfältige Arten von Bedrohung mit sich brachten. Erich Zenger sagt zu Psalm 57: »Die komplexe Bildwelt des Psalms macht deutlich, dass er ein ›Gebetsformular‹ für viele konkrete Situationen von Anfeindung und Bedrohung sein will.«[115] Den Ausdruck vom Gebetsformular verwendet auch Dorothee Sölle, wenn sie sagt, man solle beim Beten der Psalmen immer dort, wo es »meine Seele« heißt, seinen eigenen Namen eintragen und sich so mit dem Beter und seiner Situation identifizieren, damit der Psalm ganz konkret die eigene Situation widerspiegeln und zu ihrer Bewältigung beitragen kann.[116] Beide Psalmen können auch jetzt der Leserin und dem Leser eine echte Lebens- und Glaubenshilfe in prekärer Situation sein.

Da sitzt er und singt

Beide Psalmen arbeiten mit Angst erregenden Bildern, um die Aggressivität der Feinde zu illustrieren: »Ich muss mitten unter Löwen lagern, die gierig auf Menschen sind«, so beschreibt Psalm 57,5 die Gegner. Die Heftigkeit dieser Angriffe zeigt sich vor allem in aggressiven Drohungen: »Ihre Zähne sind Spieße und Pfeile, ein geschliffenes Schwert ihre Zunge.« Die Feinde haben auch ein Netz gelegt und eine Grube gegraben, um den Beter darin zu fangen. Die Bedrohungen sind vielfältig und die Feinde offensichtlich sehr erfinderisch.

In Psalm 59 werden sie noch einmal anders, aber zweimal – in Vers 7 und 15 – mit denselben Worten beschrieben: »Abend für Abend kehren sie wieder, sie heulen wie Hunde und umkreisen die Stadt.« Sie sind wie eine Dauerplage, Tag für Tag, Abend für Abend. In Vers 15 wird noch hinzugefügt: »Sie treiben sich herum auf der Suche nach Fraß; werden sie nicht satt, dann knurren sie.« Das sind Angst einflößende Bilder, die konkrete menschliche Bedrohungen beschreiben.

Im Unterschied zu Psalm 59 beginnt Psalm 57 nicht mit einer Klage oder Bitte um Hilfe, sondern der Beter sagt gleich zu Beginn: »Bei dir suche ich Zuflucht. Ich flüchte in den Schatten deiner Flügel, bis das Unheil vorüber ist.« Von Anfang an hat er ein inneres Vertrauen. Er flüchtet sich nicht an einen befestigten Ort, wo die Feinde keinen Zutritt haben, sondern nimmt seine Zuflucht zu dem vertrauten Bild, das die helfende Gegenwart Gottes wie große schützende Flügel beschreibt. Der Beter fühlt sich umhüllt von Gottes bergender Gegenwart und *findet* – wie er sagt – dort seine Zuflucht und seine innere Ruhe, »bis das Unheil vorüber ist«. Es ist kein momentanes Gefühl, sondern er ist zuversichtlich, dass er für die ganze Zeit der Bedrängnis und Gefahr inneren Trost und Zuversicht unter diesen bergenden Flügeln haben darf, bei »Gott, der mir beisteht«. Er fleht nicht um Beistand, sondern stellt fest, dass Gott ihm beisteht: Es ist seine feste Überzeugung, die sich offenbar durch frühere Erfahrungen ausgebildet hat.

Dieses vertrauensvolle Bild und die Selbstvergewisserung vom Sitzen »im Schatten seiner Flügel« muss sich nun bewähren, wenn der Beter auf seine bedrohliche Lage schaut; er sitzt zugleich auch »mitten unter Löwen«, die schon gefräßig ihr Maul aufsperren, und er weiß um die Fangnetze und Fallgruben, die ihm drohen. Er schaut dieser extremen Bedrohung ins Auge. Aber dann wechselt die Stimmung wieder, und er beginnt zu singen:

Mein Herz ist bereit, o Gott,
mein Herz ist bereit.
Ich will singen und spielen.
Wach auf, meine Seele!
Harfe und Leier, wacht auf!
Ich will das Morgenrot wecken.

Der Beter spürt plötzlich die innere Bereitschaft, zu singen und zu musizieren, um gleichsam das Morgenrot aufzuwecken, damit die Sonne wieder über seinem Leben aufgehen kann. Woher kommt dieser Umschwung? Als der Beter gerade noch von der Grube sprach, die seine Feinde gegraben haben, sagt er lakonisch, »und (sie) sind selbst hineingestürzt«. Das klingt so, als ob das Problem ein Ende habe, weil die Feinde in die eigene Grube gefallen sind und der Beter sich jetzt freuen kann. Das ist aber nicht der Fall. Erich Zenger weist darauf hin, dass es sich bei dieser Aussage sprachlich um ein sogenanntes prophetisches Perfekt handelt, das in der Bibel häufig vorkommt, wobei mit dieser sprachlichen Form der Vergangenheit ausgedrückt werden soll, dass ein Ereignis in Zukunft sicher eintreten wird. In unserem Fall nimmt es »das erflehte Scheitern der Feinde vorweg«[117]. Man könnte dann sinngemäß auch übersetzen: »Sie werden eines Tages ganz sicher in die eigene Grube fallen.« Der Beter vertraut darauf, dass sein Gott die Feinde nicht einfach gewähren lassen wird und ihnen eines Tages das Handwerk legt.

Das heißt also, dass die äußere Bedrohung noch keineswegs vorüber, dass aber das Gottvertrauen dieses Beters so groß ist, dass er inmitten seiner misslichen Situation auch schon singen und musizieren kann, im Vertrauen auf die Liebe und Treue seines Gottes, die »bis zum Himmel« reichen, wie er gleich zweimal sagt. Wahrscheinlich wird er nicht pausenlos singen, aber in den Augenblicken oder auch Stunden, in denen sein Gottvertrauen zum Durchbruch kommt, kann er es immer wieder einmal tun, »bis das Unheil vorüber ist«. Er muss sich von der andauernden Bedrohung nicht beherrschen lassen, sondern kann auch immer wieder vertrauensvoll aufatmen und singen.

Löwengrube und Feuerofen

Das Bild von den fressgierigen Löwen kann auch an Daniel in der Löwengrube erinnern (Daniel 14,29–42). Weil Daniel den heiligen Drachen der Babylonier getötet hat, verlangt das Volk vom König, ihn in die Löwengrube zu werfen. Dort leben sieben der großen Tiere, die täglich zwei Menschen und zwei Schafe zu fressen bekommen. Seit einigen Tagen lässt man sie jedoch hungern, damit sie Daniel auch ganz sicher verspeisen. Als Daniel zu den Tieren geworfen wird, geschieht aber nichts. Sechs Tage sitzt er unter ihnen, und sie rühren ihn nicht an. An dieser Stelle wird eine rührende Szene in die biblische Geschichte eingefügt: Gott erinnert sich, dass Daniel wohl Hunger haben müsste, und schickt einen Engel zum Propheten Habakuk, der gerade für die Arbeiter auf dem Feld ein Essen gekocht hat. Der

Engel packt ihn am Schopf und bringt ihn samt seinem Topf zur Löwengrube. Mit dem Lobpreis Gottes auf den Lippen begibt sich Daniel ans Essen. Statt dass die Löwen Daniel fressen, müssen sie nun zuschauen, wie er es sich schmecken lässt, während sie schon sechs Tage hungern. Als der König am siebten Tag kommt, um nach Daniel zu schauen, und sieht, dass ihm nichts passiert ist, lässt er ihn heraufziehen und preist selbst den Gott Israels.

Es ist eine von vielen Errettungen in der Geschichte Israels und steht symbolisch für den gläubigen Umgang mit bedrohlichen Situationen. Daniel wird zwar geschont, aber sechs Tage lang muss er unter hungrigen Löwen sitzen – eigentlich eine hoffnungslose Situation. Er preist Gott, als Habakuk das Essen bringt: »Gott, du hast also an mich gedacht; du lässt die nicht im Stich, die dich lieben.« Er ist dankbar, aber er sitzt immer noch zwischen den Löwen und weiß nicht, wie die ganze Sache ausgehen wird. Ähnlich wie im Psalm findet sich auch hier ein Dankgebet in einem Augenblick, in dem noch nicht klar ist, wie es wirklich enden wird – Ausdruck eines intensiven, persönlichen Vertrauensverhältnisses zwischen diesem Menschen und seinem Gott.

Im selben Buch Daniel findet sich auch die andere berühmte Geschichte von den drei jungen Männern, den Freunden Daniels, im Feuerofen[118]: Weil sie die göttliche Verehrung des Königs verweigerten, wurden sie in einen riesigen Feuerofen geworfen, der nach dem Befehl des Königs »übermäßig geheizt« worden war, sodass die Flammen 49 Ellen hoch schlugen. Es ist also auch hier eine ausweglose Situation, in der sich die jungen Männer befinden. Aber die Flammen verletzen sie nicht, denn ein Engel fegt die Flammen zur Seite, sodass es im Ofen angenehm kühl wird. Die drei Männer fangen an zu singen, und zwar einen Lobpreis Gottes, in dem sie die ganze Schöpfung, Tiere und Pflanzen, Sterne und Wolken, Berge und Flüsse, Blitze und Regen einladen, mit ihnen zusammen den Schöpfer zu preisen. Es ist wohl das farbenreichste und längste Preislied auf den Schöpfer, das in der Bibel zu finden ist, etwa 40 Verszeilen lang. An allen großen Festtagen singen wir es zu den Laudes, zur Zeit des Sonnenaufgangs. Es berührt mich immer besonders, wenn ich dann daran denke, dass dieses Lied mitten im Feuer entstanden ist. Es geht dabei nicht um die Frage, ob diese Geschichte historisch »wahr« ist, sondern dahinter steht vielmehr die Botschaft der Bibel, dass der gläubige Mensch auch mitten im Flammenmeer die Gegenwart Gottes erfahren und sogar singen kann. Die Männer tun dies, noch bevor klar ist, ob der König sie wirklich freilässt oder sie auf andere Weise bestrafen wird – und das Feuer brennt immer noch, es hat gerade die Männer gefressen, die den Ofen immer mehr anheizten.

In den römischen Katakomben habe ich in Wandmalereien die Darstellung der drei Männer inmitten von hohen Flammen gesehen – wohl ein Trostbild für die damaligen Christen in ihrer ständig bedrohten Situation. Auch in einem Spruch der Wüstenväter wird dieses Bild verwendet, und zwar im Zusammenhang mit der Mahnung, trotz aller möglichen Widrigkeiten in der Zelle auszuharren: »Die Zelle eines Mönches ist jener Feuerofen Babylons, in welchem die drei Jünglinge Gott fanden.«[119] Es geht hier nicht um eine wunderbare Rettung, sondern um die Chance der Gottesbegegnung inmitten der Flammen, inmitten großer Bedrängnis, die unbeirrt ausgehalten wird.

Tertullian greift die hier verwendeten Bilder auf, wenn er über den Sinn des Betens in der Bedrängnis nachsinnt: »(Die Bitte um Errettung, das Bittgebet) stellt zwar nicht den Engel des Morgentaues in die Mitte der Feuerflammen, es stopft nicht den Rachen der Löwen, es bringt nicht den Hungernden das Mittagsbrot der Feldarbeiter hinüber, auch wird das Gefühl des Leidens nicht durch eine gesendete Gnade abgewendet, wohl aber rüstet es leidende, fühlende und Schmerz empfindende Wesen mit der Kraft zu dulden aus. Es vermehrt die Gnade durch Verleihung der Tugend, sodass der Glaube sich dessen bewusst wird, was er von Gott erhält, und einsieht, was er für den Namen Gottes leidet.«[120] Tertullian lebt in der Zeit der frühen Christenverfolgung. Er möchte seinen Brüdern und Schwestern im Glauben sagen, dass die vielfältigen Bedrängnisse zu ihrem Leben gehören, dass aber auch darin ihr Gott gegenwärtig ist und bleibt.

Genau das drückt Psalm 138,7 aus: »Muss ich auch gehen inmitten der Drangsal, du erhältst mich am Leben, trotz der Wut meiner Feinde.« Die Feinde toben, aber ich lebe – und vielleicht kann ich sogar dazu singen. Eine solche singende Glaubenszuversicht finden wir auch – mit etwas barockem Überschwang – in einer Strophe des Liedes »Jesu, meine Freude«:

Trotz dem alten Drachen,
trotz dem Todesrachen,
trotz der Furcht dazu!
Tobe, Welt, und springe;
ich steh hier und singe
in gar sichrer Ruh.[121]

Etwas nachdenklicher und tiefgründiger formuliert Hilde Domin, wenn sie die Bilder von Flut, Löwengrube und Feuerofen in einem Gedicht verwendet, das den Titel »Bitte« trägt:

... und dass wir aus der Flut
dass wir aus der Löwengrube und dem feurigen Ofen
immer versehrter und immer heiler
stets von neuem
zu uns selbst entlassen werden.[122]

Die hintergründige Formulierung »immer versehrter und immer heiler« zeigt, wie ambivalent und irrational solche Erfahrungen sind und dann doch einen lebenslangen Heilungsweg andeuten.

»Ich aber« – »Gott aber« – »Sie aber«

Ähnlich ist die Situation in Psalm 59. Dort sind es nicht die Löwen, sondern hier illustriert das Bild von den streunenden und knurrenden Hunden die extreme Bedrohung. Auch dieser Psalm zeigt uns eine abwechslungsreiche Gebetsdynamik. Im Gegensatz zu Psalm 57, der mit einem Bild der Zuversicht beginnt, steht hier zunächst eine laute Klage:

Entreiß mich den Feinden, mein Gott,
vor meinen Widersachern schütze mich!
Entreiß mich denen, die Unrecht tun,
vor blutgierigen Menschen rette mich.

Es ist wie ein Aufschrei in äußerster Not, wenn es zweimal »Entreiß mich!« heißt, als wäre der Beter schon in den Fängen der Feinde. Die Klage hat einen weiteren Höhepunkt in der Beschreibung der Gegner, die wie Hunde Abend für Abend kommen, die Stadt unsicher machen und ihre Opfer suchen. Und hier nun tritt unvermittelt eine Wende ein:

Du aber, Herr, verlachst sie,
du spottest über alle Völker.
Meine Stärke, auf dich will ich achten,
denn Gott ist meine Burg,
er, der Gott meiner Liebe!

Gott lacht, er lacht über die Feinde. Der Beter stellt sich einen lachenden Gott vor, der schon weiß, wie er eingreifen will. Mitten hinein in seine Angst stellt er das ermutigende Bild vom überlegen lachenden

Gott. Diese Überlegenheit wird mit dem Bild der Burg illustriert, das Sicherheit und Verlass signalisiert. Und letztlich ist die Liebe Gottes der Grund des Vertrauens, er wird »der Gott meiner Liebe« genannt. Das hebräische Wort, das hier zugrunde liegt, übersetzt man häufig mit »Gnade« oder »Güte« oder »Huld«. Unsere Psalmenübersetzung verwendet dafür oft das Wort »Liebe«. Welchen Ausdruck man auch wählen mag, es geht immer um eine intensive persönliche Zuwendung Gottes, die der Beter offensichtlich schon öfter erfahren hat, der Gott, der ihm gnädig und liebend entgegenkommt.

Im weiteren Verlauf des Psalms kommen wieder die Gegner und ihr Furcht erregendes Verhalten in den Blick. Schließlich wiederholt der Beter nochmals:

Abend für Abend kehren sie wieder,
sie heulen wie Hunde und umkreisen die Stadt.
Sie treiben sich herum auf der Suche nach Fraß;
werden sie nicht satt, dann knurren sie.

Nochmals das Bild, wie die Gegner immer und immer wieder Schrecken verbreiten. Aber jetzt wendet der Beter nicht wie oben seinen Blick von den Feinden auf Gott hin, sondern er spricht von sich selbst. Auf die bedrohliche Situation antwortet er mit Singen und Jubeln, weil er sich der Macht seines Gottes sicher ist.

Ich aber will deine Stärke besingen,
am Morgen will ich jubeln über deine Liebe.
Denn du wurdest mir eine Burg,
eine Zuflucht am Tag meiner Drangsal.
Meine Stärke, dir will ich singen und spielen,
denn Gott ist meine Burg,
er, der Gott meiner Liebe.

Der Psalm endet mit Jubel und Gesang. Es ist nicht davon die Rede, dass die Bedrohung aufhört. Das Gekläff der Hunde geht weiter, aber der Beter schaut auch immer wieder auf seinen Gott, den er noch zwei weitere Male mit einer Burg vergleicht, in der er sich geborgen fühlt; es ist ein vertrauensvolles Aufblicken, das mitten in der Gefahr das Herz singen und jubeln lässt. Das Problem ist noch nicht gelöst, aber das Aufblicken und der Lobpreis auf den liebenden Gott genügen zunächst einmal als Trost und Kraft zum Durchhalten.

Das »Ich aber« zu Beginn dieses letzten Zitates stellt das darauffolgende Bild jubelnden Vertrauens in scharfen Gegensatz zum vorangegangen Schreckensbild der aggressiven Hunde. Und es korrespondiert wiederum mit dem oben zitierten »Du aber«, das den lachenden Gott in scharfen Gegensatz zu den auch dort schon erwähnten aggressiven Hunden stellt. Wenn man beim Psalmenbeten auf diese Wendung einmal aufmerksam geworden ist, wird man feststellen, dass sie immer eine überraschende Wendung in der Dramatik des Betens signalisiert. So heißt es beispielsweise in Psalm 109,4 nach einer einleitenden heftigen Klage: »Zum Dank für meine Liebe klagen sie mich an, *ich aber bete.*« Mitten im Geschrei der Ankläger: »Ich aber bete.« Das zeigt den inneren Ruhepunkt inmitten äußeren Durcheinanders. Der Psalm geht dann zwar in einer schier endlosen Klage weiter, bis er schließlich wieder in vertrauensvolles Beten übergehen kann, doch dieses »Ich aber bete« zeigt den geistlichen Kontrast an, aus dem der Beter lebt und aus dem er seine Kraft zum Durchhalten schöpft. Ähnliches lässt sich an vielen anderen Stellen der Psalmen beobachten.[123]

Im ersten Teil dieses Psalms steht dagegen ein ganz anderes »Aber«: Der Beter sagt, dass er völlig unschuldig verfolgt werde, »*sie aber* stürmen vor und stellen sich auf«. Dieses »Aber« fällt über ihn, trotz seiner Unschuld, und lenkt den Blick unausweichlich auf die Bedrohung. Es gibt also das befreiende und das bedrohliche »Aber«, sie wechseln sich ab. Es ist wichtig, dass sie sich abwechseln, damit der Beter weder im Negativen gefangen bleibt, noch sich in Glaubenszuversicht wiegt und naiv auf schnelle Wunder hofft, obwohl er sich erst einmal mit seiner misslichen Lage auseinandersetzen muss. Es geht immer darum, die ganze Realität im Blick zu behalten und zu akzeptieren, natürlich mit der Hoffnung, dass das gläubig erlebte »Gott aber « schließlich den Sieg davonträgt und heilsame Horizonte eröffnet – oftmals gegen alle äußere Wahrscheinlichkeit.

Nicht umsonst gelebt

Zu diesem »Gott aber« ist mir vor einigen Wochen ein Lebenszeugnis unter die Augen gekommen, das mich sehr bewegt hat, weil es diesem Gedanken nochmals eine neue Tiefe gibt. Reinhard Deichgräber, ein evangelischer Seelsorger und Dozent, berichtet von einem Mann, den er viele Jahre gekannt und begleitet hat und der – allen therapeutischen und geistlichen Bemühungen zum Trotz – an seiner Esssucht gestorben ist. »Solange Martin zurückdenken kann, war das Essen (oder soll ich sagen: das Fressen?) seine Lust und seine Sucht. Als er im Alter von 48 Jahren starb, war er immer noch ein Gefangener dieser Sucht. Wäre er geheilt worden, dann könnte man seine Geschichte wohl in Büchern und Zeitschriften lesen. Bei Evangelisationen wäre er ein geschätzter Redner, einer, der ein eindrucksvolles Zeugnis von Gottes heilender Kraft in seinem Leben ablegen könnte. Aber weil er nicht geheilt worden ist, zeichnet niemand seine Geschichte auf. Sein Leben ist offenbar nicht der Rede wert. Allenfalls mag es als abschreckendes Beispiel taugen.« Aber genau dem widerspricht Reinhard Deichgräber: »Martin und seine leidvolle Geschichte sind sehr wohl der Rede wert.«[124]

Nachdem der Autor über das Leben und die therapeutischen und geistlichen Bemühungen, die Erfolge dieses Mannes und seine

Niederlagen berichtet hat, stellt er die Frage nach dem Sinn dieses Lebens. Bei seinem letzten Treffen mit Martin hatte er ihm auf einem weißen Kärtchen in Postkartenformat in großen Buchstaben den Satz aus 1 Samuel 16,7 geschrieben:

Der Mensch sieht, was vor Augen ist,
Gott aber sieht das Herz an.[125]

Einige Monate später starb Martin recht plötzlich. Das Kärtchen mit diesem Bibelwort stand gut sichtbar in seinem Wohnzimmer, offenbar hatte er damit gelebt. Reinhard Deichgräber sinniert darüber, dass es in der Bibel viele solcher »Aber«-Worte gibt. »Dieses ›Aber‹ zieht einen klaren Trennstrich zwischen Schöpfer und Geschöpf. Es steht gegen jede leichtfertige Vermischung menschlicher und göttlicher Möglichkeiten. Und was sieht Gott, wenn er ›das Herz ansieht‹?«[126] Was Gott wirklich in einem Herzen sieht, bleibt für uns ein Geheimnis. Bevor wir uns ein Urteil erlauben, sollten wir wie Moses die Schuhe ausziehen vor dem Geheimnis Gottes in jedem Menschen.[127]

Das göttliche »Aber« ist eine besonders intensive Möglichkeit, sich in dunklen und unverständlichen Situationen an die tiefer schauenden Augen Gottes zu erinnern und an sein Wirken, von dem wir oft keine Ahnung haben. Hoffnung auf Rettung muss sich nicht immer in frohem Jubel ausdrücken wie am Ende von Psalm 59; das stille Aufblicken zu dem, der tiefer sieht als wir alle, kann in hoffnungslosen Situationen unendlich tröstlich sein und neue Horizonte von Glauben und Hoffen erschließen. Scheitern und Tod müssen dann nicht das letzte Wort haben – wenigstens nicht in den Augen Gottes. Der Autor gibt seinem Bericht über Martins Leben und Sterben den tröstlichen Titel: »Nicht umsonst gelebt. Eine Stimme für die Gescheiterten.«

Lobpreis rettet

Es gibt in der Bibel auch die Situation, dass Menschen in großer Not nur Lob- und Danklieder singen, ohne dass sie in einem Klage- oder Bittgebet Gott ihre Angst vorgetragen und um Hilfe gebeten haben. Eine solche Geschichte wird im 2. Buch Chronik erzählt: Die Ammoniter und Moabiter bedrohten wieder einmal mit einem übermächtigen Heer den König und das Volk von Juda. Am Tag der Schlacht stellte der König »Sänger für den Herrn auf, die in heiligem Schmuck dem kampfbereiten Heer voranzogen, Loblieder sangen und riefen: Dankt dem Herrn; denn seine Huld währt ewig« (2 Chronik 20,21). Der Gesang wurde begleitet vom »Spiel der Harfen, Zithern und Trompeten«. Das Heer stellte sich zwar auf, aber in vorderster Front standen nur die Sänger und die Musiker aus dem Tempel, um unablässig Loblieder zu singen. Niemand kämpfte. Da kam plötzlich aus dem Hinterhalt ein anderes Heer, das den Ammonitern und Moabitern feind war und sie vernichtend schlug, während der König und sein Heer ruhig zuschauten und nur die Sänger und Musiker mit den Waffen von Dank und Lobpreis »kämpften«. Es war nicht vorauszusehen, dass das Volk von Juda und ihr König durch die Feinde ihrer Feinde gerettet werden würden.

Es ist eine etwas seltsame Geschichte. Ich bin auf sie aufmerksam geworden, als ich vor vielen Jahren an charismatischen Seminaren teilgenommen habe. Dort wurde sie vorgelesen, und ich hörte erstmals davon, dass es im Rahmen der charismatischen Erfahrungen die Praxis gibt, bei schwierigen oder unlösbar scheinenden Problemen nicht zu jammern, auch nicht zu klagen und auch nicht unablässig Gott zu bitten, sondern einfach Loblieder auf Gottes Vorsehung zu singen. Man solle – so die Überzeugung dort – zu Gott etwa Folgendes sagen: »Ich weiß, dass du einen Plan für mein Leben hast und dass es nur ein Plan der Liebe sein kann. Auch wenn er für mich derzeit dunkel und unverständlich ist, preise ich dich für diesen Plan der Liebe.« Es gab zudem Literatur mit Berichten von Menschen, die über diesen Weg des Lobpreises in kleinen und großen Nöten erstaunliche Erfahrungen machen durften oder ganz neue Wege für ihr Leben entdecken konnten.

Irgendwie hat mich das fasziniert, aber meine Skepsis bremste meinen Glauben zunächst einmal aus. Eines Tages machte ich dann aber doch eine erstaunliche Erfahrung: Ich sollte zur Beichtaushilfe in eine Gemeinde fahren, die fast eine Autostunde entfernt war. Das war in den späten 1970er-Jahren, als in der Fastenzeit oder vor großen Festtagen viele Gläubige zur Beichte gehen wollten und wir vom Kloster aus oft mithalfen. Ich kam etwas verspätet vom Kloster weg, unterwegs gab es mehrere Baustellen, dann langsame Lastwagen und so weiter. Ich merkte, dass ich unmöglich pünktlich zur Beichtzeit ankommen konnte, was mir sehr peinlich war, denn wenn die Leute schon zahlreich zur Beichte kommen, sollte der Pater rechtzeitig da sein. Aber das war jetzt unmöglich. Da fiel mir die Methode des Lobpreises ein. Weil ich nichts mehr zu verlieren hatte, entschied ich mich, Gott zu preisen, dass er auch für diese komische Situation einen Plan hat und dass das gut so sei. Schließlich war das ganze Auto voll Gesang. Als ich auf den Kirchplatz fuhr, war ich mehr als eine Viertelstunde zu spät. Der Pfarrer kam mir entgegen, ich entschuldigte mich für die Verspätung, aber er entgegnete mir: »Sie sind ganz pünktlich. Unsere Turmuhr geht 20 Minuten nach und kann derzeit nicht repariert werden. Wir haben mit den Leuten ausgemacht, dass wir uns bis auf Weiteres bei allem, was in der Kirche stattfindet, nach der Turmuhr richten und nicht nach der ›Echtzeit‹.« Ich konnte es nicht fassen. Keine Psychologie kann das erklären, aber es hat »funktioniert«.

Natürlich ging es hier nicht um ein großes existenzielles Problem. Ich kenne aber ähnliche Erfahrungen in ernsteren Lebenssituationen.

Ich habe dieses Beispiel gewählt, weil man es nicht vorschnell psychologisch erklären kann. Die Turmuhr hält nichts von Psychologie. Ich möchte mit dieser Geschichte auch gar nichts erklären oder beweisen. Es gibt eben solche Phänomene, die ich weder mit Psychologie noch mit irgendwelchen Kausalitäten erklären kann; ich weiß nur, dass ich diesen Situationen einfach vertraut und gesungen habe. Es klingt wie ein Wunder. Wer es anders deuten will, darf das gerne tun.

Man könnte auf den Gedanken kommen, dass eine solche Methode ja ein ganz einfacher Trick wäre, um schwierige Probleme zu lösen, sofern man nur daran glauben kann. Aber das ist genau die Frage: ob man überhaupt den Glauben aufbringt, Gott etwas »Unmögliches« zuzutrauen. Das ist uns wohl nur in wenigen Situationen möglich. Bei so manchem Versuch, den ich gestartet habe, bin ich nicht weit gekommen. Inzwischen bin ich der Meinung, dass es vielleicht gar nicht eine Frage von Glaubenskraft ist, sondern ob ich überzeugt bin, dass ich selbst in dieser Situation wirklich ohnmächtig und hilflos bin. Auch der König in unserer Geschichte hatte zu Gott gesagt: »Wir sind machtlos vor dieser gewaltigen Menge, die gegen uns zieht, und wissen nicht, was wir tun sollen. Nur auf dich sind unsere Augen gerichtet.« (Vers 12) Selbst in verzwickten Situationen bin ich oft der Meinung, dass ich »eigentlich« schon wüsste, wie eine Lösung aussehen könnte; Gott bräuchte es dann nur noch zu wollen und zu tun. Und in unseren Bittgebeten oder in den Fürbitten der Liturgie legen wir Gott oft genug eine ganze Liste von Möglichkeiten vor, wie er die Probleme unserer Welt lösen könnte – wir schämen uns nicht einmal dafür, dass wir Gott Nachhilfe erteilen möchten. Vielleicht ist es für uns schwieriger, ohne Wenn und Aber unsere Ohnmacht einzugestehen, als ein besonderes Maß von Gottvertrauen zu entwickeln. Doch Wunder geschehen wohl nur durch unsere Ohnmacht hindurch. »Wenn ich schwach bin, dann bin ich stark«, lässt uns schon Paulus in 2 Korinther 12,10 aus eigener Erfahrung wissen.

Durch solche Erfahrungen und Überlegungen wurde ich auch hellhörig für manche Texte in den Psalmen. So heißt es etwa in Psalm 18,4: »Ich rufe: ›Der Herr sei gepriesen!‹, und ich werde vor meinen Feinden errettet.« Nicht die Bitte, sondern der Lobpreis öffnet den Weg in die Rettung. Oft denke ich bei diesem Psalmvers an die obige Geschichte aus dem Buch der Chronik oder auch an meinen eigenen Umgang mit Ohnmacht und Gottvertrauen. Ähnlich ergeht es mir mit Psalm 50,23: »Es ehrt mich, wer als Opfer Lobpreis darbringt, er bereitet den Weg, auf dem ich Gottes Heil ihm zeige.« Hier geht es nicht um Opfer oder Leistung, auch nicht um den Glauben, sondern der Lobpreis Gottes ist es, der neue Räume der Erfahrung öffnet. Das Gleiche gilt für Psalm 37,4: »Freu dich innig am Herrn, dann gibt er dir, was dein Herz begehrt.« Die Freude, die im Lobpreis aufbricht, öffnet das Herz, damit es bereit wird für weitere Geschenke und Gaben Gottes.

Dazu passt auch ein Ereignis, das in der Apostelgeschichte erzählt wird und der Erzählung aus dem Buch der Chronik ähnelt: Paulus und Silas wurden wegen ihrer Predigten verhaftet, geschlagen und ins Gefängnis geworfen. Dann heißt es: »Um Mitternacht beteten Paulus und Silas und sangen Loblieder; und die Gefangenen hörten ihnen zu. Plötzlich begann ein gewaltiges Erdbeben, sodass die Grundmauern des Gefängnisses wankten. Mit einem Schlag sprangen die Türen auf, und allen fielen die Fesseln ab.« (Apostelgeschichte 16,25f) Durch das Singen haben sich Fesseln gelöst und sind Türen aufgesprungen, obwohl niemand darum gebeten hatte.

Wie immer man sich zu den hier geschilderten persönlichen und biblischen Erfahrungen stellen mag: Auf dem Hintergrund der vorhergehenden Abschnitte – wie etwa dem »Singen unter Löwen« – wird zumindest deutlich, dass Singen eine befreiende Wirkung hat, jenseits all dessen, was wir selbst planen und leisten können. Und wahrscheinlich sind wir Mönche uns oft gar nicht bewusst, welchen Schatz wir darin besitzen, dass wir mehrmals täglich für längere Zeit miteinander singen, singend unsere Aufmerksamkeit auf Gott richten – tagaus, tagein, jahraus, jahrein. Viele Menschen schließen sich uns immer wieder an und singen mit uns, um auch selbst befreiende Wege mit ihrem Gott zu finden – auch aus schier unlösbaren und schier unerträglichen Situationen.

»Warum – Warum?!«

Psalm 88

Die Bibel gibt Antwort auf viele Fragen. Sie ist Wegweisung und Ermutigung in verschiedensten Lebenslagen. Sie kann auf Erfahrungen aus alter Zeit und auch im Leben des Lesers und Beters zurückgreifen. Es finden sich darin aber auch viele Stellen, in denen deutlich wird, dass Menschen darunter leiden, dass sie keine Antwort finden und dass ihr »Warum?« keine Antwort erhält. Das trifft nicht nur auf weite Teile des Buches Hiob zu und auf die Klagelieder, sondern auch auf den Psalm 88. Es ist wohl der dunkelste unter den 150 Psalmen.

Und Gott schweigt

O Herr, du Gott meines Heiles,
vor dir schreie ich am Tag und bei Nacht.

Mit diesen Worten beginnt der Psalm. Der Beter klagt nicht nur, er schreit, und das bei Tag und bei Nacht. Es geht offensichtlich um eine Not, die lange andauert. Die Seele ist gleichsam »mit Leid gesättigt« und »dem Totenreich nahe«. Es geht für ihn an die Grenzen des Erträglichen, »alle Kraft (ist) genommen«, der Tod scheint der nächste Schritt zu sein.

Im Text wird nicht deutlich, worin eigentlich das Problem des Beters besteht. Es könnte sich um eine Krankheit handeln, einmal wird auch ein Kerker erwähnt, was aber wohl nur ein Bild für die ausweglose Situation ist. Der Beter beklagt auch keine Attacken von Gegnern, wie das in anderen Psalmen der Fall ist. Trotzdem ist sein ganzes Leben eine einzige Tragödie: »Elend bin ich, ein Sterbender von früher Jugend an«, klagt er. Und warum ist das so? Nur einer wird genannt, der an allem schuld ist: Gott selbst.

Du brachtest mich in die unterste Grube,
in abgrundtiefe Finsternis.
Auf mir lastet dein Groll,
mit all deinen Wogen drückst du mich nieder.
Du hast mir meine Vertrauten entfremdet,
du machtest mich ihnen zum Abscheu.

Um welch konkrete Nöte es sich auch immer handeln mag, das eigentliche Problem für den Beter liegt darin, dass er sich von Gott selbst »in abgrundtiefe Finsternis« gestoßen fühlt, und die Wogen des Schicksals, von denen er sich niedergedrückt fühlt, sind »all deine(n) Wogen«, die Wogen, die Gott selbst über ihn dahinfahren lässt. Sogar seine Freunde hat er ihm genommen, sie dazu gebracht, dass sie nichts mehr von ihm wissen wollen. Der Beter fühlt gleichsam Gottes Groll auf sich lasten. Aber an keiner Stelle lässt er erkennen, dass er sich schuldig fühlt, wie das in anderen Psalmen der Fall ist, in denen der Beter sein Leid als Strafe für seine Sünden zu verstehen sucht. Deshalb begreift er nicht, was der Grund für diesen Groll Gottes ist.

Warum, o Herr, verwirfst du mich,
warum verbirgst du vor mir dein Antlitz?

Es ist das bittere und vorwurfsvolle »Warum«, das hier im Psalm keine Antwort bekommt. Der Beter fühlt sich verlassen und isoliert. Und schließlich endet der Text mit dem Satz: »Mein Vertrauter ist nur noch die Finsternis.« Das Einzige, was ihm noch gehört und vertraut ist, ist die Nacht, in der nichts mehr zu sehen und zu verstehen ist. Im Gegensatz zu den meisten anderen Psalmen findet sich hier am Ende des Textes nicht der leiseste Hinweis auf Hoffnung und Zuversicht, sondern es bleiben einfach nur die Nacht und das Schweigen Gottes.

Man kann sich fragen, ob das überhaupt noch ein Gebet ist. Wird hier Beten nicht ad absurdum geführt, wenn der Psalm am Ende in völliger Hoffnungslosigkeit zu versinken droht? Ich wurde schon gefragt, was dieser Text in der Bibel zu suchen hat, wenn Gott dem Menschen Äußerstes zumutet, dann beharrlich schweigt und der Beter nicht den leisesten Hoffnungsschimmer erkennen kann. Solche Fragen sind erlaubt. Aber hier ist das Fragen noch nicht zu Ende. Dieser Psalm ist sicher nicht das einzige Gebet dieses äußerst elenden Menschen. Vielleicht stammt auch noch ein anderer Psalm von ihm, in dem mehr Licht und Zuversicht zu spüren sind. Ein heutiger Beter muss sich zudem nicht gerade diesen Psalm auswählen, wenn er in seiner Not einen Trost sucht.

Aber es ist gut, dass es diesen Psalm gibt. Haben wir nicht alle schon einmal so gebetet – in völliger Trostlosigkeit, ohne einen Lichtblick wahrzunehmen? Ist es so schlimm, auch einmal völlige Hilflosigkeit und Ausweglosigkeit zu spüren und sie im Gebet auszudrücken? Damit müssen das Leben und der Weg des Glaubens noch lange nicht zu Ende sein. Wir dürfen dankbar sein, dass solche Texte als heilige Texte in die Bibel aufgenommen wurden, um uns in dunkelster Stunde ein wenig Wegweisung zu geben: »Die Literatur Israels verschweigt diese Grenz- und Ohnmachtserfahrungen Einzelner, Gruppen und ganzer Völker nicht, sondern integriert sie in ihre Rede *von* und *zu* Gott. Dabei liegt das Ziel nicht in einer intellektuellen Bewältigung der Leidproblematik, sondern im praktischen Bestehen *coram Deo et hominibus* – vor Gott und den Menschen – angesichts vielfältiger Todeserfahrungen«[128], schreibt der Alttestamentler Ulrich Berges dazu. Es geht hier also nicht um Lösen und Verstehen, sondern um das Bestehen der Situation im Durchhalten vor Gottes Angesicht. Auch die Klage und die Anklage Gottes selbst ist eine legitime Form gesunder Gottesbeziehung. Der evangelische Theologe Eberhard Jüngel sagt dazu: »Gott wird nicht entehrt, sondern verherrlicht, wenn Menschen mit Gott so reden, dass sie ihn zum Adressaten ihrer Klage oder auch Anklage machen. Gott würde vielmehr umgekehrt dann entehrt und wir würden ihm die gebührende Verherrlichung verweigern, wenn wir ihn nicht auch im Fall des Falles zum Adressaten unserer Klagen und Anklagen machten. Schweigen wäre gotteslästerlich.«[129] Auch solche Klage gehört zu einem vielschichtigen Gebetsleben. Sie ist nicht »gottlos«, sondern Ausdruck der Gottesbeziehung, weil der Mensch – trotz allem – nicht von seinem Gott ablässt. So ist es auch in Psalm 88.

Ich aber bete weiter

Obwohl Gott nicht antwortet und nicht hilft, bleibt der Beter doch mit ihm im Gespräch. Der ganze Psalm ist eine Anrede an diesen dunklen und schweigenden Gott. Der Beter spricht nicht nur mit sich selbst oder jammert nur vor sich hin. Nein, er behält seinen Gott im Blick und schaut ihn an. All seine Not schreit er diesem Gott gleichsam ins Gesicht. Doch schon der erste Vers ist überraschend:

O Herr, du Gott meines Heiles,
vor dir schreie ich am Tag und bei Nacht.

Der Beter nennt diesen Gott den »Gott meines Heiles«. Es ist für ihn der, von dem er nach wie vor sein Heil erwartet, er fühlt sich nicht abgeschrieben von diesem Gott. Und er lässt ihm »am Tag und bei Nacht« keine Ruhe. Schon in aller Frühe beginnt er seine Klage, »am Morgen trete mein Gebet vor dich hin«, und das nicht einmal oder gelegentlich, sondern:

Jeden Tag, o Herr, ruf ich zu dir,
ich strecke nach dir meine Hände aus.

Er redet nicht nur, er schreit nicht nur zu Gott, mit seinem ganzen Leib wirft er sich ihm entgegen, mit ausgestreckten Armen, und das jeden Tag. Er wendet sich also nicht nur in diesen kurzen Minuten des Gebetes seinem Gott zu. Er lässt sich von seinem Schweigen nicht entmutigen. Er leidet schon jahrelang, »von früher Jugend an«, und trotzdem lässt er nicht ab von ihm. Wenn er mit dem Psalm zu Ende ist, beginnt er vielleicht wieder von vorn, vielleicht betet er ihn immer und immer wieder, die Worte bitterer Klage und das beständige Hinschauen auf seinen Gott. Und wieder heißt es dann:

O Herr, du Gott meines Heiles,
vor dir schreie ich am Tag und bei Nacht.

Trotz der Enttäuschung und der erlebten Finsternis spricht er wiederum vom »Gott meines Heiles«, von dem, der allein und ganz gewiss Heil schenken kann. Er sagt aber nicht nur »Gott« oder »mein Gott«, sondern in all den hier zitierten Versen, die von seinem beständigen Beten sprechen, nennt er ihn auch »Herr«. Es ist dies die Übersetzung des sogenannten Tetragramms JHWH, das den geheimnisvollen Gottesnamen bezeichnet, der dem Mose am Dornbusch offenbart wurde und der in etwa bedeutet: »Ich bin der, der da ist (um zu helfen).« Es ist das vertrauensvolle, gläubige Wissen um den

Gott, der für den Menschen da ist, der nicht fern ist, auch wenn er schweigt. Das persönliche Glaubensbekenntnis am Anfang des Psalms wird auch am Ende nicht zurückgenommen, trotz der Finsternis, die dort herrscht.

Der Beter bleibt der Fragende, der keine Ruhe gibt. Ist diese Zähigkeit, diese Unbeirrbarkeit des immer neuen Fragens bei Tag und bei Nacht nicht ein Ausdruck tiefen Glaubens oder gar einer tiefen, vielleicht »dunklen« Glaubens- oder Gotteserfahrung? Man kann sich hier an das trotzig-gläubige Wort in Hiob 13,15 erinnern: »Er mag mich töten, ich harre auf ihn; doch meine Wege verteidige ich vor ihm.« Er bleibt dran. Es gibt nichts, was ihn von seinem Gott trennen kann, nicht einmal das Verhalten Gottes selbst.

Was hindert den Beter, dass er seinen Glauben nicht wegwirft und seinem Gott die Treue aufkündigt? Das gibt es in der Bibel durchaus. Man sagt zwar oft, es habe in damaliger Zeit keinen Atheismus gegeben, die Menschen seien wie selbstverständlich religiös gewesen. Es hat wohl keinen wissenschaftlichen oder militanten Atheismus gegeben.[130] Wohl aber gab es den praktischen oder eine Art Deismus, der Gott so sehr in weite Fernen rückte, dass ihn das Leben der Menschen nicht interessierte. In den Psalmen taucht dieses Thema immer wieder auf. So sagen die Übeltäter in Psalm 94,7: »Der Herr sieht es nicht, der Gott Jakobs merkt es nicht.« Oder in Psalm 73,11: »Wie sollte Gott davon wissen?« Er ist weit weg und merkt nichts, oder er vergisst es und schaut einfach weg (vgl. Psalm 10,4–6.11). Mehrmals wird sogar direkt behauptet: »Es gibt keinen Gott!« (Psalm 10,4; 14,1; 53,2). Das ist wohl weniger als theologische Aussage gemeint, sondern als eine Art Ausrede, die Gott einfach beiseite schieben und aus dem Gesichtskreis verbannen will; es handelt sich um die »Gottvergessenen« (Psalm 50,22), die Gott einfach links liegen lassen wollen.

Gewollte Gottesferne ist also im Umfeld der Psalmen durchaus ein Thema, auch unser Beter weiß davon. Trotzdem will er sich nicht von diesem lästigen Gott befreien und sich von ihm entfernen, sondern er setzt sich weiter mit ihm auseinander, er schleudert ihm immer wieder sein »Warum« entgegen. Offensichtlich geht es hier nicht um Feindschaft mit Gott, sondern um ein tiefes inneres Wissen darum, dass dieser Gott trotz all seiner Unbegreiflichkeit auch der ist, »der da ist« und der sich doch eines Tages als der »Gott meines Heiles« erweisen kann.

Gott als Fragezeichen

Sind Fragen ein Zeichen von schwachem Glauben? Oder sind die Frage, der Zweifel und die Klage nicht gerade auch ein Motor für die Lebendigkeit des Glaubens? »Vielleicht sollte man erst predigen, wenn man sich seines Unglaubens so sicher ist wie seines Glaubens«, sinniert Fulbert Steffensky in einer seiner neuesten Veröffentlichungen.[131] Glaube ist keine fraglose Sicherheit, sonst wird er schnell naiv und oberflächlich. »Gott müsste einen Namen haben, der wie eine Frage klingt«, lautet der Titel eines Artikels von Heinz-Günther Schöttler, in dem es um die Gottsuche des modernen Menschen geht. Die Formulierung stammt aus einem Roman von Cees Noteboom, in dem ein Mann, eine der Hauptfiguren des Romans, erläutert, wie ihm sein Glaube allmählich abhandengekommen ist. Der Zusammenhang lautet: »Gott klingt wie eine Antwort, und das ist das Verderbliche an diesem Wort, das so oft als Antwort gebraucht wird. Er hätte einen Namen haben müssen, der wie eine Frage klingt.«[132] Vielleicht wollte dieser Mann keine fertigen, keine zu schnellen und billigen Antworten, vielleicht wollte er einfach mit seinen Fragen ernstgenommen werden.

Mir gefällt der Gedanke, dass der Name Gottes wie eine Frage klingen könnte, dann bin ich mit all meinen ungelösten Fragen ganz gut bei ihm aufgehoben. Meine Frage passt dann zu ihm, auch wenn ich keine Antwort dazu habe. Natürlich ist es gut, aus dem Glauben einige klare Antworten und Orientierungen zu erhalten, sonst wüssten wir nicht, wohin wir gehen sollen. Natürlich ist es gut, dass der Name Gottes auch Sicherheit gibt, aber er ist keine Versicherung gegen alles Unheil und schon gar keine Antwort auf all mein Fragen. Auch das Dunkle und Schwere passt in seinen Namen.

Karl Rahner hat aus Anlass seines 80. Geburtstags und gleichsam wie ein Vermächtnis seines langen Theologenlebens einen Vortrag gehalten: »Von der Unbegreiflichkeit Gottes«. Er beklagt, dass die Theologen und auch er selbst immer wieder in der Gefahr seien, zu genau zu wissen, wie und was Gott ist und will. Eigentlich sei jeder echten Theologie klar, dass Gott immer ein unbegreifliches Geheimnis bleibe und dass alles, was wir von ihm wissen oder wissen wollen, sehr relativ ist, jedes Ja auch ein Nein beinhalte und es darum gehe, »diese seltsame und unheimliche Schwebe des Ja und Nein« und »die schweigende Unbegreiflichkeit Gottes selbst«[133] auszuhalten. Im Gotteslob, dem neuen katholischen Gesangbuch, steht auf Seite 449 unten ein Wort von Karl Rahner: »Glauben heißt, die Unbegreiflichkeit Gottes ein Leben lang aushalten.« Es ist anscheinend kein wörtliches Zitat, sondern »nach Karl Rahner« formuliert, aber es trifft die existenzielle Gläubigkeit Rahners, die bereit ist, mit all den Unbegreiflichkeiten zu leben und vor dem Geheimnis Gottes immer wieder still zu werden. Bemerkenswert ist, dass – absichtlich oder unbeabsichtigt – dieser Satz unmittelbar nach dem Lied »Großer Gott, wir loben dich« steht. Das wohl bekannteste Loblied auf das wundersame Wirken Gottes in der Welt steht in unmittelbarer Nachbarschaft zu der Einsicht, dass es im Glauben darum geht, ein Leben lang die Unbegreiflichkeit Gottes auszuhalten.

Wahrscheinlich gehört beides untrennbar zusammen, wenn es ehrlich und nicht oberflächlich verstanden sein will. Ähnliches findet sich in der Schilderung von Fulbert Steffensky über den Glauben und die Frömmigkeit seiner verstorbenen Frau Dorothee Sölle. Er erzählt, wie sie aus einer tiefen religiösen Erfahrung heraus eine große Freude an Gott erlebte und sie im Singen und Musizieren auszudrücken wusste. »Das Lob und die Freude an Gott sind ein Grundton ihrer Theologie und ihrer Bestimmung der Mystik.« Das hindert sie aber nicht, auch das Gegenteil zu tun, nämlich angesichts der Not des Lebens und der Welt zornig und anklagend zu reagieren – auch Gott gegenüber. Er zitiert folgendes Gedicht von ihr:

warum ich gott so selten lobe
fragen die freunde mich immer wieder
verdammt bin ichs denn
war der Bund nicht zweiseitig
dass er etwas lobenswertes tut oder vorbeischickt
und ich etwas zum loben entdecke.

In einem anderen Gedicht konnte sie trotzig formulieren:

außerdem hätte ich nichts gegen gott
wenn er sich an seine versprechen hielte.[134]

Das müssen keine Gegensätze sein. Vielleicht handelt es sich einfach um den Ausdruck einer Ehrlichkeit und Unmittelbarkeit, in der die Freude an Gott und die schiere Verständnislosigkeit für sein Handeln unverstellt erfahren werden und lebensgeschichtlich zusammengehören wie zwei Pole, die die Spannung und die Einheit des Lebens ausmachen.

Heinz-Günther Schöttler hat in einer ausführlichen Studie eine große Anzahl alttestamentlicher Texte untersucht, in denen das Volk Israel oder einzelne Gläubige ihr hartes Schicksal als Ausdruck des »Zornes Gottes« erfahren oder zumindest ihm die Verantwortung für ihre schicksalhafte Situation zuschieben. Wenn der Mensch dann seinen Gott anklagt, dass er ihn in seiner Not alleinlässt, ist das nicht Ausdruck von Unglauben oder Entfernung von Gott, sondern »die An-Klage Gottes auf Abwesenheit und Unwirksamkeit ist zugleich die Ein-Klage seiner Nähe und Hilfe«[135]. Die Anklage Gottes ist der Versuch, mit dieser Krise fertigzuwerden – heute könnte man von einer notwendigen Krisenintervention sprechen. Für den Menschen, der in eine solche Gotteskrise und Glaubensnot gefallen ist, hat die Anklage Gottes »ihre theologische Berechtigung und spirituelle Not-Wendigkeit. Die Bibel Israels leiht dem angesichts von Gottes Unberechenbarkeit und Unverstehbarkeit so tief in die Abgründe Gottes schauenden Menschen Sprache, die es ihm sonst verschlagen müsste: Sprache für anklagendes Beten«[136].

Je nach Temperament oder kulturellem Hintergrund kann ein Mensch aber auch anders auf die Unverstehbarkeit Gottes reagieren. Der Jesuit Frido Pflüger, der viele Jahre in Afrika in der Flüchtlingsarbeit tätig war, berichtet von einem Vater, der seine zwei kleinen Kinder verloren hat. Lange hört er zu, wie dieser Mann seine Not schildert. Schließlich sagt er, er könne nicht verstehen, warum seine beiden Kinder hätten sterben müssen, und fügte dann hinzu: »Noch kann ich es nicht verstehen. Aber es wird der Tag kommen, an dem ich den Sinn verstehen werde.« Und Frido Pflüger fügt nachdenklich hinzu: »Sein rückhaltloses Vertrauen in Gottes Tun, inmitten der Trauer, hat mich tief beeindruckt.« Rückblickend auf diese Arbeit mit den Flüchtlingen bekennt er dankbar: »Meine Arbeit in den Flüchtlingslagern in Afrika hat meinen Glauben nicht infrage gestellt. Vielmehr haben mir viele Flüchtlinge gezeigt, dass ihr Glaube – egal welcher – ihnen die Kraft gibt, auch große Not mit Würde zu ertragen.«[137] Da haben wir Europäer in unserem Glauben sicher einigen Nachholbedarf.

An dieser Stelle möchte ich nochmals zum Psalm 88 zurückkehren und von einer kleinen Erfahrung berichten: Ich kenne einen afrikanischen Benediktinerbruder in Togo, der Kranke mit Heilkräutern und anderen traditionellen Mitteln behandelt. Er erzählte mir, dass er bei der Behandlung immer betet, weil die Heilung von Gott kommt. Das erinnert mich an den Spruch, den ich in Ostafrika gehört hatte: »*Man cures, God heals*« – »Der Mensch behandelt, Gott heilt.« Als ich fragte, was er denn dann bete, sagte er, vor allem Psalmen, die er auswendig kenne, und zwar extra ausgewählt, je nach Problemlage. Er verriet mir sogar einige »Anwendungen« und sagte mir, dass er zum Beispiel Psalm 38 bei Menschen bete, die selbst an ihrer Krankheit schuld seien, Psalm 18 als Danksagung, wenn die Heilung einsetzt, und dann den Psalm 88 bei Schwerkranken. Das hat mich sehr verwundert. Offenbar hat er intuitiv zu diesem Psalm gegriffen, weil dort eine äußerste Not vor Gott getragen wird und der Beter mit Gott im Gespräch bleibt, obwohl dieser schweigt und der Ausgang, die Heilung, noch völlig ungewiss ist. Und doch betet er unbeirrt weiter.

Abschließend möchte ich noch einen Hinweis auf die Verwendung von Psalm 88 in der Liturgie hinzufügen: Wir singen diesen Psalm am Abend des Gründonnerstags, im Anschluss an die Erinnerung des letzten Abendmahls mit der Fußwaschung, die bei uns ein wichtiger Teil dieser Liturgie ist. Unmittelbar anschließend an diese Feier wird nach einer sehr kurzen Pause dieser dunkle Psalm gesungen. Damit endet sie. Ein gewaltiger Kontrast zur intimen Vertrautheit der vorangegangenen Feier, und doch gehört beides zusammen. Man kann dann nur noch schweigen und die Lichter ausmachen – zumindest vorläufig.

Psalm 88 wird auch wöchentlich am Freitagmorgen gebetet; die Psalmen des Freitags erinnern an das Geschehen des Karfreitags. In der Osterzeit erhalten viele Psalmen einen eigenen Rahmenvers, der nach Möglichkeit aus dem Psalm selbst stammt. Bei uns lautet er in der Osterzeit für Psalm 88: »Deine Wunder, o Herr, werden in der Finsternis erkannt. Halleluja.« Das ist tatsächlich ein Vers aus dem Psalm, allerdings etwas umformuliert. Eigentlich steht dort eine rhetorische Frage an Gott: »Wird man im Grab von deiner Huld erzählen? ... Werden in der Finsternis deine Wunder erkannt?« Dort unten ist doch alles aus, und niemand kann mehr auf Wunder hoffen. Aber hier jetzt, in dieser österlichen Antiphon, kehrt sich die Hoffnungslosigkeit in Zuversicht: Auch und gerade in der Finsternis kündigt sich das Wunder an. Die Finsternis hat nicht das letzte Wort, auch wenn »Finsternis« das letzte Wort dieses Psalms ist. Sie ist nicht verschlossen, sie ist offen für das Licht.

Die Rätselhaftigkeit Gottes muss nicht nur erschreckend und bedrückend sein. Kurt Marti zitiert in seinen »Spätsätzen« ein Wort von G. K. Chesterton: »Die Rätsel Gottes sind befriedigender als die Lösungen der Menschen.«[138] Vermutlich muss man ziemlich alt geworden sein – wie Kurt Marti, als er das schrieb –, um die Rätselhaftigkeit Gottes in so gutem Licht sehen zu können.

»Mut ist Angst, die gebetet hat«
Psalm 27

In der wissenschaftlichen Schriftauslegung vermutet man, dass unser Psalm aus zwei selbständigen Teilen, einem Vertrauens- und einem Bittgebet, zu einer Einheit zusammengefügt wurde. Diese Frage spielt hier keine Rolle, stattdessen nehmen wir den Psalm so, wie er sich dem heutigen Beter präsentiert, mit seiner Bild- und Erfahrungswelt, in die wir uns betend und meditierend hineinversetzen können.

»Ich habe keine Angst!«

Der Psalm beginnt mit großer Zuversicht, obwohl der Beter mit lebensgefährlicher Bedrängnis konfrontiert ist:

Der Herr ist mein Licht und mein Heil:
Wen sollte ich fürchten?
Der Herr schützt mein Leben:
Vor wem sollte ich bangen?
Dringen Frevler auf mich ein, mich zu verschlingen:
Meine Bedränger und Feinde, sie straucheln und fallen.
Mag ein Heer mich belagern,
mein Herz wird sich nicht fürchten.

Mag gegen mich der Kampf entbrennen,
ich bleibe dennoch voll Zuversicht.

Da gibt es Menschen, die den Beter verschlingen, auffressen wollen, da wird er gleichsam von einem ganzen Heer von Problemen oder bösen Menschen umlagert, der Kampf entbrennt – und doch sagt er: »Wen sollte ich fürchten? Vor wem sollte ich bangen? Mein Herz wird sich nicht fürchten. Ich bleibe voll Zuversicht.« Es ist eine fast unglaubliche Aussage. Woher hat der Beter diese Zuversicht? Er hat sie sich nicht eingeredet, sie ist auch nicht plötzlich vom Himmel gefallen, sondern hat eine Geschichte.

Im zweiten Teil des Psalms sagt der Beter zu Gott: »Du hast mir doch immer geholfen ... du Gott meines Heiles.« Er hat schon oft, sogar schon immer die Erfahrung gemacht, dass Gott ihm hilft, dass er geradezu der »Gott meines Heiles« ist. Aus dieser langen Erfahrung heraus kann er zu Beginn des Psalms sagen: »Der Herr ist mein Licht und mein Heil ... Der Herr schützt mein Leben.« Vielleicht war dieser Mensch nicht immer so zuversichtlich, aber seine Lebens- und Glaubenserfahrung hat im Lauf der Zeit dieses feste Vertrauen auf Gott ausgeprägt.

Der Vers mit dem Hinweis, dass der Beter sich auch vor einem ganzen Kriegsheer nicht fürchtet, spielt schon in der Vita des Einsiedlers Antonius im 4. Jahrhundert eine Rolle, die von Bischof Athanasius von Alexandrien verfasst wurde. Als Antonius von einer ganzen Heerschar wilder Dämonen bedroht wird, ruft er ihnen mutig zu: »Ich fürchte eure Schläge nicht; wenn ihr mich auch noch ärger quält, nichts wird mich trennen von der Liebe zu Christus.« (Vgl. Römer 8,35) Dann stimmte er den Psalm an: »›Wenn sich auch aufstellt ein Heerlager gegen mich, nicht wird sich fürchten mein Herz‹ (Psalm 27,3) ... Denn der Glaube an unsren Herrn ist für uns ein Siegel und eine sichere Mauer.«[139] Das ist nur eine von vielen Stellen, an denen Antonius furchtlos auf Attacken verschiedenster

Art reagiert. Hier wird jedoch auch ein Grund angegeben: Er zitiert Römer 8,35: »Nichts wird mich trennen von der Liebe zu Christus.« Eigentlich müsste die Übersetzung heißen »... von der Liebe Christi.« Es ist nicht die Liebe des Antonius zu Christus, sondern die Liebe, die Antonius von Christus erfahren hat. Zwei Verse später steht im Römerbrief: »Doch all das überwinden wir durch den, der uns geliebt hat.« Antonius lebte damals schon lange in der Wüste, es heißt, er habe unablässig gebetet. Bei diesem Beten hat er die Liebe Christi immer tiefer erfahren und in sich aufgenommen; jetzt ist er überzeugt, dass ihn nichts mehr von ihm trennen kann. Und er fügt im obigen Zitat hinzu, der Glaube an diesen Christus sei wie ein Siegel, das ihn abschirmt, und wie eine Mauer, die ihn schützt. Das hat er offenbar immer wieder erfahren, sodass er mit diesem Glauben und dieser Gebetserfahrung trotz der Bedrängnis mutig und furchtlos sein kann.

»Mut ist Angst, die gebetet hat«, sagt ein bekanntes Wort von Corrie ten Boom, einer Holländerin, die während der Nazizeit viele Juden versteckt und vor dem Tod bewahrt hat. Sie gibt zu, dass sie Angst hatte – wer hätte keine Angst angesichts eines gewalttätigen und menschenverachtenden Systems? Aber das Gebet, die Verbindung mit Gott hat ihr Mut gegeben. Nicht die Angst hat ihr Handeln bestimmt, sondern die Furchtlosigkeit, die aus dem Gebet gewachsen ist. Sie hätte wie Antonius und wie in Psalm 27 auch sagen können, dass sie sich wie im Kampf gegen ganze Heerscharen gefühlt habe und trotzdem mutig und furchtlos gehandelt hat. Beim Singen des Verses »Mag ein Heer mich belagern, mein Herz wird sich nicht fürchten«, denke ich oft an Antonius den Einsiedler und neuerdings auch an Corrie ten Boom.

Der Beter unseres Psalms erwähnt zudem sein Verweilen im Tempel, seine Sehnsucht nach Gott. Der Tempel wird für ihn zum Symbol für das Geborgensein in Gott, der ihn gleichsam »unter seinem Dach« birgt oder »im Schutz seines Zeltes«, wenn Unheil droht und

Feinde toben. Martin Buber übersetzt statt »er beschirmt mich im Schutz seines Zeltes« in wörtlicherer Übersetzung: »er versteckt mich im Versteck seines Zeltes«. Die Formulierung vom Versteck findet sich häufiger bei Martin Buber. Kurt Marti widmet diesem Bild ein »Psälmlein«, wie die Überschrift zu diesem Text lautet:

gott
mein Versteck
wo ich sicher bin
vor feinden
sicher auch
vor mir selber[140]

Am Ende nimmt dieser Text eine überraschende Wendung: In Gott geborgen zu sein ist nicht nur Trost und Schutz bei Nöten aller Art, sondern auch ein Schutz vor sich selbst. In Gottes Gegenwart, in seiner Nähe zu sein schützt mich auch vor mir selbst, vor den Dummheiten, die ich begehen kann, und vor den vielfältigen Attacken aus dem eigenen Herzen, die oft auch »Legion« (Markus 5,9) sind. Je mehr ich bei Gott geborgen bin, desto weniger bin ich in Gefahr, zweifelhaften Sicherheiten und Verlockungen nachzulaufen.

»Hüte mich wie den Stern deines Auges. Verstecke mich im Schatten deiner Flügel«, heißt es ebenfalls in Psalm 17,8. Hier ist das Versteck nicht der Tempel, sondern unter den Flügeln Gottes – ein Bild, das die Bibel häufig verwendet, um den Schutz Gottes zu beschreiben. Man könnte dieses »Versteck« missverstehen in dem Sinn, dass einer einfach davonläuft und sich versteckt, statt sich den Problemen zu stellen. Man kann es aber auch verstehen im Sinn einer »Meditation des sicheren Ortes«, wie man es heute im Bereich der Psychologie häufig findet: Man rät Menschen, die von Angst und Unsicherheit geplagt werden, sich einen Ort vorzustellen, an dem sie sich wohl und sicher fühlen. Wenn sie still werden und dieses Bild einige Zeit imaginieren, kann dadurch innere Ruhe einkehren, sodass man sich mit einer gewissen Gelassenheit den sonst so belastenden und beunruhigenden Dingen zuwenden kann.

Die Bibel bietet eine Fülle solcher Bilder eines »sicheren Ortes« an. Im genannten Psalm kann es neben dem Bild vom Versteck das vom Tempel oder vom Zelt Gottes sein, wo der Beter sich oft geborgen fühlte. Es sind nicht nur Orte, an denen sich der Beter irgendwie wohlfühlt, sondern solche, an denen er tiefe und prägende Erfahrungen mit seinem Gott gemacht hat. Wenn er solch ein Bild in den Alltag mitnimmt, gibt es ihm eine innere Glaubenssicherheit, »auch wenn ein Kriegsheer sich gegen mich aufstellt«, und er muss nicht ängstlich davonlaufen.

Sein strahlendes Antlitz

Nach diesen beruhigenden Bildern beginnt die Klage von Neuem. Sie sind also noch keine Lösung, sondern Ermutigung zum Weitergehen. Doch mitten in der Klage taucht ein weiteres tröstliches Bild auf, das in den Psalmen häufig vorkommt:

Mein Herz denkt an dein Wort:
»Suchet mein Antlitz!«
Dein Antlitz, o Herr, will ich suchen.
Verbirg mir nicht dein Antlitz,
weise deinen Knecht nicht im Zorne zurück,
du hast mir doch immer geholfen.

Das Antlitz Gottes zu suchen ist ein häufiges Anliegen in der Bibel; das Verlieren seines Antlitzes ist wie der Verlust seiner Gegenwart. So wird beispielsweise in Psalm 80 gleich dreimal derselbe Kehrvers genannt: »Lass dein Angesicht leuchten, dann sind wir gerettet!« (Verse 4, 8 und 20). Das aufstrahlende Antlitz Gottes ist ein Zeichen seiner rettenden Gegenwart. Oder, wie es in Psalm 31,21 heißt: »Du birgst sie im Schutz deines Angesichts vor dem Toben der Leute.« Das strahlende Antlitz Gottes ermutigt auch dann, wenn die ganze Umgebung in Aufruhr ist. Gefährlich wird es, wenn sein Antlitz verschwindet: »Du verbirgst dein Antlitz – sie sind verstört.« (Psalm 104,29) Schaut es aber der Mensch, dann lebt er auf, und es springt etwas vom Strahlen Gottes auf ihn über: »Die auf ihn blicken, werden strahlen.« (Psalm 34,6) Das Antlitz Gottes deutet auf eine lebendige Beziehung zwischen Gott und Mensch.[141]

In einem Bildband des berühmten Trappisten Thomas Merton über das Mönchtum findet sich ein ganzseitiges Foto, das vom Kirchturm aus in einen großen Klostergarten blickt. Irgendwo darauf sieht man, ganz klein, einen Mönch beim Arbeiten. Unter das Foto hat Thomas Merton das Wort aus der Benediktsregel 4,49 gesetzt: »Fest überzeugt sein, dass Gott an jedem Ort auf einen sieht.« Dieses Herabschauen Gottes ist nicht ein kontrollierender, strafender Blick, sondern gemeint ist das strahlende Antlitz Gottes, das Wohlwollen und Liebe ausdrückt. Merton will dem Mönch sagen, dass er nie allein ist, auch nicht im hintersten Winkel eines einsamen Klostergartens.

In einem Gebet von Romano Guardini heißt es: »Immerfort blickt dein Auge mich an, und ich lebe aus deinem Blick, du mein Schöpfer und mein Heil.« Es ist ein belebender Blick, Guardini sagt, er lebe davon. Hier ist nicht unbedingt die mystische Gottesschau gemeint, sondern das lebendige innere Bild seiner strahlenden Gegenwart. Dieses strahlende Antlitz Gottes kann eine Art Meditationsbild sein, an das ich mich immer wieder erinnere, das als Imagination mit mir geht, das Bewusstsein von Gottes Gegenwart in mir wachhält und mich belebt.[142]

Wie wirksam eine solche Imagination sein kann, zeigt ein Bericht von Viktor Frankl, in dem er von seinen Überlebensstrategien im

Konzentrationslager Auschwitz berichtet: »Ich führe Gespräche mit meiner Frau. Ich höre sie antworten, ich sehe sie lächeln, ich sehe ihren fordernden und ermutigenden Blick und – leibhaftig oder nicht – ihr Blick leuchtet jetzt mehr als die Sonne, die soeben aufgeht. Da durchzuckt mich ein Gedanke: Das erste Mal in meinem Leben erfahre ich die Wahrheit dessen, ... dass Liebe irgendwie das Letzte und das Höchste ist, zu dem sich menschliches Dasein aufzuschwingen vermag. ... In der denkbar tristesten äußeren Situation ... vermag der Mensch, im liebenden Schauen, in der Kontemplation des geistigen Bildes, das er vom geliebten Menschen in sich trägt, sich zu erfüllen. Das erste Mal in meinem Leben bin ich imstande zu begreifen, was gemeint ist, wenn gesagt wird: die Engel sind selig im endlos liebenden Schauen einer unendlichen Herrlichkeit.«[143] Dieser Text steht inmitten grausiger Geschehnisse, die Frankl aushalten muss. Immer wieder kehrt er zum strahlenden Bild seiner Frau zurück, damit die entsetzlichen Erlebnisse ihn nicht erdrücken. Bezeichnenderweise erinnert ihn diese Erfahrung eines liebenden Blicks an die Gottesschau der Engel, also an eine tiefe Gotteserfahrung. In Abwandlung des Wortes von Corrie ten Boom könnte man verallgemeinernd auch sagen: »Lebensmut ist Angst, die mit einem tröstlichen Bild unterwegs ist.«

Das Bild vom Antlitz Gottes steht auch im Bericht einer offenbar mystischen Erfahrung, von der Martin Buber berichtet:

Wieder stand der Jude
mitten in der Nacht am offenen Fenster.
Wieder schaute er regungslos ins Dunkel ...
Offenen Herzens war er bei den Geheimnissen.
Da kam ihm die Wortreihe des Psalms in den Sinn,
die er langsam vor sich hinsprach, leise,
als wolle er das Geborenwerden der einzelnen Worte
aus dem eignen Leibe hören:

Zu.dir.redet.mein.Herz.
nach.dir.sehnt sich.mein.Gesicht.
Nach.deinem.Antlitz.suche.ich.
Dich.DU.bist's.
Er hielt an, zögerte.
Spreche ich: Du bist? Spreche ich: Du bist's?[144]

Die Psalmworte, die diesem Juden schrittweise gleichsam aus dem eigenen Leib aufsteigen, sind Vers 8 aus dem genannten Psalm 27, die oben zu Beginn dieses Abschnitts zitiert wurden.

Die Benediktinerin Corona Bamberg, die diesen Text zitiert, weist auf die Formulierung in der letzten Zeile hin »Du bist? ... Du bist's?« und sagt: »Es ist wahrhaftig nicht dasselbe, ob ich objektiv, wenn auch positiv feststelle: ›Du bist‹ oder ob ich gläubig erkennend sage: ›Du bist's‹. Wenn ich sage: ›Du bist's‹, bin ich ›drin‹ in der Begegnung, die wir Beten nennen.«[145] Es geht nicht nur darum, dass Gott existiert und irgendwie da ist, sondern dass er zum Du wird, zum Ort der Begegnung. Es geht um ein gegenseitiges Sich-Anschauen und Sich-Erkennen, aus dem Leben und Liebe aufstrahlen. »Die auf Ihn blicken, werden auch selbst strahlen«, wie es in Psalm 34,6 heißt.

Mehr als Vater und Mutter

Die Bilder für die Gottesbeziehung des Beters werden in Vers 10 des Psalms noch ergänzt durch den Vergleich mit Vater und Mutter, allerdings in negativer Abgrenzung, wenn es dort heißt:

Selbst wenn mich Vater und Mutter verlassen,
der Herr gibt mir Heimstatt.

Das Bild von der Mutter, von ihrem bergenden Schoß oder ihrer Brust wird häufig verwendet, um die lebenslange Vertrautheit des Beters mit seinem Gott zu illustrieren, wie weiter oben schon ausführlich dargelegt wurde.[146] Vater und Mutter sind aber nicht nur vertraute Bezugspersonen, sie können das Kind auch im Stich lassen, wie es schon in Jesaja 49,14f heißt: »Zion sagt: Der Herr hat mich verlassen, Gott hat mich vergessen. Kann denn eine Frau ihr Kindlein vergessen, eine Mutter ihren leiblichen Sohn? Und selbst wenn sie ihn vergessen würde: ich vergesse dich nicht.« Gott vergleicht sich mit einer Mutter, aber er weiß, dass es auch Rabenmütter gibt – natürlich auch Rabenväter! Um Missverständnisse zu vermeiden, distanziert er sich von diesem negativen Aspekt des Mutterbildes. Dasselbe geschieht im Psalm, wenn unterstellt wird, dass Vater und Mutter durchaus ihr Kind verlassen können, dieses dann aber in jedem Fall bei Gott seine Heimstatt hat. Martin Buber übersetzt die Stelle so: »Ja, mögen mich mein Vater, meine Mutter verlassen, ER holt mich heim.« Normalerweise ist man bei Vater und Mutter daheim, aber wenn dieses Zuhause zerbricht, darf der Beter bei Gott daheim sein.

Es ist gut, dass schon die Bibel es vermeidet, Gott schlicht mit dem Bild von Vater oder Mutter gleichzusetzen, weil viele Menschen, deren Vater- oder Mutterbild zerbrochen ist oder die nie ein derart positives Bild ihrer Eltern hatten, enorme Probleme haben, einem Gott im Bild von Vater oder Mutter zu begegnen. Es ist überhaupt gut, menschliche Bilder nicht eins zu eins auf Gott zu übertragen, sie sind nur schwache Vergleiche aus der Perspektive des Menschen. Trotz der reichhaltigen Bilderwelt der Bibel ist Gott immer auch der ganz Andere und muss es auch bleiben.

Trotzdem brauchen wir die Bilder, und wenn wir sie richtig nutzen, können sie uns in ein tieferes Verstehen und Erfahren führen. Dazu noch ein Beispiel: In der Abtei Engelberg in der Schweiz gibt es eine mittelalterliche Psalmenhandschrift, die teilweise reich dekoriert und mit Bildern versehen ist. Zu Psalm 27 findet sich eine kunstvolle

Initiale, das heißt, der erste Buchstabe des Psalms ist künstlerisch besonders reich gestaltet. Hier wurde in den ersten Buchstaben eine sitzende Frauenfigur gemalt oder vielmehr drei Figuren in einer, nämlich eine sogenannte Anna Selbdritt: Maria hält den Jesusknaben auf dem Schoß und beide sitzen auf dem Schoß einer viel größeren Frauengestalt, der heiligen Anna, die nach der Legende die Mutter Marias war.

Was könnte den Künstler bewogen haben, ein solches Bild an den Anfang des Psalms zu malen?[147] Im vorangegangenen Abschnitt wurde Vers 10 erwähnt, in dem Gott mit Vater und Mutter verglichen wird. Hier sind es gleich zwei Mütter, eine sogar in Übergröße[148], die den segnenden Christusknaben als Gegenwart des Heils auf dem Schoß halten. »Der Herr ist mein Licht und mein Heil ... der Herr schützt mein Leben«, beginnt der Psalm. Der segnende Christus ist hier als der Heiland, das personifizierte Heil zu betrachten, dessen Segen dem bedrängten Menschen Schutz gewährt. So verstanden, würde der Psalm auf Christus hin gedeutet, was in der Tradition häufig der Fall ist. Dazu gleich mehr.

Dieser Christus ist auf einem mütterlich-schützenden Hintergrund gemalt. Das Bild scheint auf einen Gott hinzuweisen, der sich im Bild der gütigen, beschützenden Mutter zeigen kann. Diese friedliche Szene ist umso erstaunlicher, als es im Psalm um militante Drohungen geht, vergleichbar mit einem Kriegsheer und Feinden, die den Beter umzingeln. Im zweiten Teil des Psalms sind es wutschnaubende Bedränger und Ankläger, die ihm nach dem Leben trachten. Oft werden in den Psalmen solch bedrohlichen Situationen andere militante Bilder als Gegenwehr gegenübergestellt, etwa die Burg und die Festungsmauer, Schild und Schwert und Helm. Hier steht ihr ein weiches, freundliches Bild gegenüber, ein Ausdruck von Frieden und Geborgenheit. Vielleicht soll es auch ausdrücken, dass Gott nicht einfach zurückschlägt, dass seine Kraft nicht in Machtausübung besteht, sondern in Güte und Erbarmen, wie es in einem Gebet im

Psalterium aus dem Doppelkloster Engelberg, um 1300
© Stiftsbibliothek Engelberg, cod. 62, fol. 42r

Messbuch zum 26. Sonntag heißt: »Großer Gott, du offenbarst deine Macht vor allem im Erbarmen und im Verschonen.« Oder in Psalm 5,13: »Wie mit einem Schild umgibst du ihn mit deiner Gnade.« Der Schild, der den Beter schützend umgibt, ist kein ehernes Kriegsgerät, sondern eher ein Schild aus Licht, der den Beter in Gnade einhüllt. »Der Herr ist mein Licht und mein Heil ... der Herr schützt mein Leben.« Wenn man sich diese Anna Selbdritt vor Augen hält, während man den Psalm betet, kann einem wohl noch mehr aufgehen über Gott und über die eigene Beziehung zu ihm.

Opfer mit Jubel

Abschließend noch einige Bemerkungen zur liturgischen Verwendung des Psalms. Wir singen ihn jeden Freitag zur Vesper, und zwar mit der Antiphon, dem Rahmenvers: »Mit Jubel bringe ich mein Opfer, lass mich wohnen in deinem Hause alle Tage meines Lebens.« Dieser Text ist aus zwei verschiedenen Versen des Psalms zusammengesetzt. Er deutet um diese Nachmittagsstunde des Freitags auf das Kreuzesopfer Jesu hin und gibt dem Psalm eine christologische Deutung, wie dies in der Tradition häufig der Fall war.[149] »Opfer mit Jubel« lässt schon das Ostergeschehen in den Karfreitag hereinleuchten. In ähnlicher Funktion findet er sich in der Vesper des Karsamstags, allerdings mit einem anderen Psalmvers als Antiphon: »Ich werde schauen Gottes Güte im Lande der Lebenden.« Dieses Wort wird Jesus in den Mund gelegt und deutet die Hoffnung auf Auferstehung an. Der Psalm steht hier an der Schnittstelle von Passion und Auferstehung.

Dieselbe Antiphon hat der Psalm auch, wenn er im Kloster am Begräbnistag eines Mitbruders in der Vesper gesungen wird. Dabei werden dem Verstorbenen sozusagen die gleichen Worte in den

Mund gelegt, mit denen Jesus der Auferstehung entgegenschaute, allerdings mit einem kurzen Vorsatz, der ebenfalls aus dem Psalm stammt: »Ich aber glaube fest: Ich werde schauen ...« Angesichts des toten Mitbruders, den wir gerade zu Grabe getragen haben, wollen wir uns unseres eigenen Glaubens versichern und sagen, dass wir »fest glauben« wollen an diese Schau Gottes im Land der Lebenden, im Namen unseres Mitbruders und für uns selbst.

Es gibt wohl auch außerhalb des Klosters in jedem Leben ausreichend viele Situationen, in denen dieser Psalm mit seinen verschiedenen Antiphonen eine passende Melodie oder das bildhafte Szenario bieten beziehungsweise als Deutung dienen kann. Und neben den dramatischen Situationen von Tod und Auferstehung wird der Psalm auch zu freudigen Anlässen gesungen, und zwar bei einer Feierlichen Profess, wenn ein Mitbruder sich endgültig auf den Mönchsweg verpflichtet. Zum Abschluss der Professfeier geht der neue Professe den Kreis seiner Mitbrüder ab und tauscht mit jedem den Bruderkuss. Dabei wird Psalm 27 gesungen mit der Antiphon, die uns aus der Freitagsvesper vertraut ist: »Mit Jubel bringe ich mein Opfer, lass mich wohnen in deinem Hause alle Tage meines Lebens.« Der Psalm wird mehrmals unterbrochen durch die Wiederholung der Antiphon. Es entsteht eine freudige Stimmung, der Jubel ist echt, wir nehmen einen neuen Bruder endgültig auf in unsere Reihen.

Dass es dabei auch um ein »Opfer« geht, dass hier einer sein ganzes Leben in die Waagschale wirft, fühlt sich in diesem Augenblick eher leicht an, eben wie ein »Opfer mit Jubel«. Das ist auch gut so, denn dieser Bruder hat sicher so manchen Kampf hinter sich und ist jetzt froh – und die anderen Brüder auch –, dass es zu dieser Feier gekommen ist. Achtet man jedoch auf den Text des Psalms, dann stellt man fest, dass »das Opfer mit Jubel« nicht am Ende steht wie ein krönender freudiger Abschluss. Wie in vielen anderen Psalmen bricht nach anfänglicher Klage der Jubel auf, obwohl die Bedrängnis noch weiter besteht und neue Klagen einsetzen werden. »Die noch ausstehende Rettung (wird) im Dankopferversprechen vorweggenommen«[150], schreibt Erich Zenger dazu. Es wird gejubelt, weil die Überzeugung gewachsen ist, dass auch künftige Krisen im Glauben an Gottes Hilfe durchlebt und überwunden werden können. Der Mut zu dieser Mönchsprofess ist dem Bruder zugewachsen, weil er – in Abwandlung des Wortes von Corrie ten Boom – »in mancher Krise, in mancher Angst oft gebetet hatte« und auch in Zukunft noch oft beten wird, um ein Leben lang den Glaubensmut zu finden, trotz allem zu jubeln. Henri Nouwen hat dazu einfühlsam formuliert: »Klöster baut man nicht, um darin Probleme zu lösen, sondern um Gott aus all seinen Problemen heraus zu loben.«[151] Ein ganzes Lebensprogramm – nicht nur für Mönche!

Schlussbetrachtung

In den vorangegangenen Kapiteln wurde deutlich, dass die Menschen sich schon vor mehr als zweitausend Jahren mit Unruhe, Anfeindungen und Konflikten aller Art auseinandersetzen mussten und Wege suchten, aus ihrem Glauben heraus – trotz all dieser Bedrängnisse – in eine innere Ruhe zu finden. Es hat sich gezeigt, dass viele dieser alten Erfahrungen auch in heutigen Situationen hilfreich sein können, zumal es Menschen in den Zwängen des modernen Lebens anscheinend noch schwerer fällt, im Trubel ihres Lebens gesunde Wege in die innere Ruhe und Gelassenheit zu finden.

Schlafstörungen

»In Deutschland klagen laut Robert-Koch-Institut etwa 25 Prozent der Bevölkerung über Schlafstörungen. Und nicht Wenige greifen zu Medikamenten.« Diese Nachricht ging am 21. Juni 2015 durch die Medien. Anlass dazu war die Erinnerung, dass genau 15 Jahre zuvor der »Tag des Schlafes« ins Leben gerufen worden war, weil eben für viele Menschen das Schlafen, das Einschlafen zum Problem geworden ist – mit steigender Tendenz. Gleichzeitig wurde mitgeteilt, dass vermutlich 1,2 bis 1,5 Millionen Menschen in Abhängigkeit von Beruhigungsmitteln geraten sind, um überhaupt schlafen zu können.

Dazu kommen jene, die zu anderen Mitteln greifen, etwa Alkohol, um ein besseres Einschlafen zu erreichen.

Dieser Hinweis ist nicht als moralisches Urteil oder als Vorwurf gemeint, sondern als eine Problemanzeige: Anscheinend sind immer mehr Menschen in unserem Land nicht mehr in der Lage, mit dem Stress des Tages und den Spannungen, die im Alltag auftauchen, umzugehen, sie abzubauen. Sie fühlen sich ihnen ausgeliefert und brauchen »Hilfsmittel«, die auf Dauer jedoch nicht hilfreich sind, sondern zerstörerisch wirken. Deshalb ist es umso wichtiger, heilsame Wege zur Bewältigung von Stress und Unruhe zu finden beziehungsweise anderen Menschen Wege aufzeigen zu können, die nicht neue Probleme erzeugen, sondern sie an der Wurzel packen, um einen inneren Weg der Heilung und Reifung zu finden. Davon war in den vorangegangenen Kapiteln die Rede. Abschließend möchte ich die Thematik noch in einem Schlüsselbegriff der Tradition zusammenfassen: Gelassenheit.

Gelassenheit

Wenn man in der Tradition von Gelassenheit spricht, hat das nichts mit einem phlegmatischen Temperament oder einer notorischen Unbekümmertheit zu tun. Gelassenheit signalisiert eine gewisse Reife auf dem inneren Weg und im Umgang mit allerlei schwierigen Situationen des Lebens. Der Begriff geht auf Meister Eckhart (gestorben um 1329) zurück, den berühmten Mystiker aus dem Dominikanerorden. Gelassen sein beziehungsweise gelassen leben kann man nicht einfach wollen oder irgendwie einüben, so wie man sich freundliches Verhalten angewöhnen kann. Voraussetzung für das Gelassen-*Sein* ist das Gelassen-*Haben*. In seiner mittelhochdeutschen Sprache unterscheidet Meister Eckhart dann: *gelâzen hân* und *gelâzen sîn*.[152]

Um gelassen leben zu können, muss der Mensch vieles gelassen haben, was ihn festhält, einengt und bedrängt oder was er selbst festhält und nicht hergeben will. Erst wenn er sich von seinen Zwängen und Ängsten und Sehnsüchten befreit, kann er gelassen werden und inneren Frieden finden.

Aber das Lassen, von dem Meister Eckhart spricht, hat auch die Bedeutung »sich überlassen«, »sich jemandem anvertrauen«.[153] Letztlich geht es Meister Eckhart darum, dass der Mensch sich ganz und gar Gott anvertraut. Wenn er nur alles aufgeben und loslassen soll, kann das sehr schwierig oder gar unmöglich sein. Was hat er dann noch? Je mehr ihm aber Gott im Herzen aufgeht, desto mehr kann er anderes lassen, an dem er hängt. Will ein Mensch wirklich gelassen leben, muss er sowohl lernen, vieles loszulassen, aber auch, sich immer mehr einem Größeren, nämlich Gott, zu überlassen. Es geht also um »drei Aspekte von *lassen*, die auch mit *ablassen*, *zulassen* und *überlassen* umschrieben werden können. Will man die Gelassenheit in ihrem weiten Bedeutungsraum nicht einengen, muss man diese drei Aspekte stets zusammendenken. Entscheidend ist, keinen von ihnen mit bloßer Passivität gleichzusetzen. Im Gegenteil: In allen Fällen bezeichnet das Lassen eine Form des Handelns. »Die Gelassenheit überkommt einen nicht einfach, man muss schon etwas dafür tun«[154], schreibt Thomas Strässle in seinem Buch über die Gelassenheit. Sie ist auch nicht etwas, das man irgendwann erworben hat und dann besitzt. »Sie ist kein Zustand, dessen man sich gewiss sein darf. Weder kann man sich auf sie verlassen, noch kann man sich in ihr ausruhen. Sie ist eine Haltung, die sich ständig erneuern, die ständig neu erworben werden muss.«[155]

Es bleibt also ein ständiges Thema, eine dauernde Herausforderung. Dabei geht es nicht darum, immer wieder aus Turbulenzen und Schwierigkeiten in einen – wenigstens vorübergehenden – ruhigen und gelassenen Zustand zu kommen, so angenehm und wünschenswert das auch sein kann. Die eigentliche und am tiefsten greifende

Art von innerem Frieden und Gelassenheit zeigt sich nämlich mitten in den Turbulenzen, nicht erst, wenn sie aufgehört haben. So sagt Meister Eckhart in einer Predigt:

Dass der Mensch ein ruhiges oder rastliches Leben in Gott hat,
das ist gut;
dass der Mensch ein mühevolles Leben in Geduld erträgt,
das ist besser;
aber dass man Ruhe habe im mühevollen Leben,
das ist das Allerbeste.[156]

Innere Ruhe und Gelassenheit finden, und zwar mitten in der Unruhe und den Turbulenzen des Alltags, das zeigt an, dass der Mensch schon sehr tief in Gott verankert ist und – wenigstens zeitweise – die innere Gelassenheit in Gott stärker ist als jede Art von Turbulenzen und Beunruhigung. Als Beispiel fügt Meister Eckhart dann hinzu: Wenn ein Mensch in der Stille einer Kirche gesammelter sein kann, als wenn er draußen umhergeht, dann ist das ein Zeichen von geistlicher Schwäche; der Mensch müsse beziehungsweise könne überall in gleicher Weise innerlich gesammelt in Gott gegründet sein, ganz gleich, ob er in einer Kirche kniet oder mitten im Alltag beschäftigt ist.

Ein so hohes Ziel könnte natürlich so manchen entmutigen. Und Meister Eckhart weiß, dass es nicht nur um die höchste Stufe der Innerlichkeit gehen kann. In einem ähnlichen Zusammenhang – es geht dabei um bedingungslose Liebe – sagt er deshalb verständnisvoll und gleichsam augenzwinkernd: »Doch muss man's hinnehmen, so wie manche Leute übers Meer fahren mit halbem Winde und auch hinüberkommen.«[157] Mit halbem Wind kann man also auch schon ziemlich weit kommen, und es bleibt immer die Möglichkeit, dass noch mehr Wind entstehen kann, der uns weiter trägt. Es geht nie um Höchstleistung, sondern darum, dass wir auf dem Weg sind und auf dem Weg bleiben.

Ich hörte einmal jemanden sagen, wir bräuchten eine krisen*feste* Spiritualität. Das ist vielleicht gut gemeint, aber nicht realistisch. Es gibt keine Spiritualität, die uns sicher durch Krisen gehen oder sie gar auf kurzem Weg vermeiden lässt. Was wir brauchen, ist eine krisen*taugliche* Spiritualität, die nicht nur in friedlichen Zeiten schöne Erfahrungen beschert – so erfreulich und so wertvoll das ist –, sondern die in krisenhaften Zeiten Hilfsmittel, geistliche Werkzeuge zur Verfügung stellt, die es mit den Herausforderungen der Krise aufnehmen und sie mit Gottes Hilfe zu einer geistlichen Chance machen, oft im dynamischen Wechsel von Hinfallen und Auf(er)stehen.

Spiritualität, geistliches Leben ist nicht einfach ein Zustand, sondern ein Wachstumsprozess, der sowohl an der Freude als auch am Leid zu wachsen versteht.[158]

Literatur

Albom, Mitch, Dienstags bei Morrie. Die Lehre eines Lebens, München 2002.

Athanasius von Alexandrien, Leben des heiligen Antonius (Bibliothek der Kirchenväter Band 31), Kempten 1917.

Balders, Günter, Jesu, meine Freude, in: Christian Möller (Hg.), Ich singe Dir mit Herz und Mund. Liedauslegungen, Liedmeditationen und Liedpredigten. Ein Arbeitsbuch zum Evangelischen Gesangbuch, Stuttgart 1997, S. 219-235.

Bamberg, Corona, Gebet – Begegnung mit Gott?, in: Geist und Leben 70 (1997), S. 413–425.

Bhagavad Gita. Mit einem spirituellen Kommentar von Bede Griffiths, München 1993.

Berges, Ulrich, Schweigen ist Silber – Klagen ist Gold. Das Drama der Gottesbeziehung aus alttestamentlicher Sicht mit einer Auslegung von Psalm 88, Münster 2003.

Bibel in gerechter Sprache, Gütersloh 2006.

Böhm, Thomas, Athanasius, An Marcellinus. Der Psalter als Mitte des Lebens der Kirche, in: Bibel und Liturgie 77 (2004), S. 155–160.

Braulik, Georg, Psalmen beten mit dem Benediktinischen Antiphonale, Frankfurt 2011.

Bruners, Wilhelm, Verabschiede die Nacht, Düsseldorf 1999.

Buber, Martin, Werke. 3. Teil. Schriften zum Chassidismus, München 1963.

Buber, Martin, Das Buch der Preisungen (Die Schrift. Verdeutscht von Martin Buber, gemeinsam mit Franz Rosenzweig, Band 4), Gerlingen 1997, S. 9–209.

Cardenal, Ernesto, Das Buch von der Liebe, Gütersloh 1979.

Casey, Michael, Wahrhaftig leben. Die Lehre des heiligen Benedikt über die Demut. Aus dem Englischen übersetzt von Bernardin Schellenberger, St. Ottilien 2012.

Deichgräber, Reinhard, Nicht umsonst gelebt. Eine Stimme für die Gescheiterten, Gießen 2014.

Domek, Johanna. Vom Wachsen und Weiterwachsen, Vallendar 2014.

Domin, Hilde, Gesammelte Gedichte, Frankfurt 1987.

Evagrios Pontikos. Der Praktikos. Hundert Kapitel über das geistliche Leben. Eingeleitet und kommentiert von Gabriel Bunge (Weisungen der Väter Band 6), Beuron 2008.

Evagrius Ponticus, Die große Widerrede. Antirrhetikos (Quellen der Spiritualität Band 1), Münsterschwarzach 2010.

Frankl, Viktor E., ... trotzdem Ja zum Leben sagen. Ein Psychologe erlebt das Konzentrationslager, München 1977.

Geddes, Jane, Der Albani-Psalter. Eine englische Prachthandschrift des 12. Jahrhunderts, Regensburg 2005.

Gotteslob. Katholisches Gebet- und Gesangbuch. Ausgabe für die Diözese Würzburg, Stuttgart 2013.

Grün, Anselm; Dufner, Meinrad, Spiritualität von unten (Münsterschwarzacher Kleinschriften Band 82), Münsterschwarzach 2004.

Halik, Tomas, All meine Wege sind DIR vertraut. Von der Untergrundkirche ins Labyrinth der Freiheit, Freiburg 2014.

Heine, Peter, Der Tod im großen und kleinen Jihad, in: Herderkorrespondenz 69 (2015), S. 368–371.

Heither, Theresia, Schöpfen aus dem Brunnen. Ein Zugang zum Alten Testament, Trier 1994.

Hendra, Tony, Father Joe. Der Mann, der meine Seele rettete. Die Geschichte einer ungewöhnlichen Freundschaft, Freiburg 2005.

Herwartz, Christian, Brennende Gegenwart – Exerzitien auf der Straße, Würzburg 2011.

Herwartz, Christian, Dem Auferstandenen heute begegnen. Eine Standortbestimmung von Exerzitien auf der Straße, in: Geist und Leben 87 (2014), S. 260.

Hertzsch, Klaus-Peter, Der ganze Fisch war voll Gesang. Biblische Balladen zum Vorlesen, Stuttgart 1970.

Hillesum, Etty, Das denkende Herz der Baracke. Die Tagebücher 1941–1943, Freiburg 2014.

Hugger, Pirmin, Der Tod des Königs Josia: Eine Passionsbetrachtung, in: Bibel und Leben 14 (1973), 57–66.

Joffe, Josef, Mach dich nicht so klein, du bist nicht so groß. Der jüdische Humor als Weisheit, Witz und Waffe, München 2015.

Keul, Hildegund, Auferstehung als Lebenskunst. Was das Christentum auszeichnet, Freiburg 2014.

König, Hildegard, Vom Glück des schwarzen Schafes. Zu einer Initiale aus dem Engelberger Psalterium von 1330, in: Erbe und Auftrag 86 (2010), S. 425f.

Kroeger, Matthias, Über die Kostbarkeit von Mut und Klarheit. Die politische und religiöse Botschaft der Grafen Helmuth James von Moltke und Peter Yorck von Wartenburg aus dem Kreisauer Widerstandskreis gegen Hitler und den Nationalsozialismus, Stuttgart 2010.

Lawry, Monika, Gottesfurcht und Leidenschaft. Ein Blick in den Albani-Psalter, in: Erbe und Auftrag 87 (2011), S. 293–298.

Mahr, Johannes, Schwarz aber schön. Die Abtei Münsterschwarzach im 20. Jahrhundert. Band 4: Unrecht und Gnade der Aufhebung, Münsterschwarzach 2016.

Marti, Kurt, DU. Rühmungen, Stuttgart 2008.

Marti, Kurt, Heilige Vergänglichkeit. Spätsätze, Stuttgart 2011.

Meister Eckehart, Deutsche Predigten und Traktate, herausgegeben und übersetzt von Josef Quint, München 1979.

Meister Eckhart, Predigten und Schriften, ausgewählt und eingeleitet von Friedrich Heer, Frankfurt 1956.

Meister Eckhart, Deutsche Werke I. Texte und Übersetzungen von Josef Quint, herausgegeben und kommentiert von Niklaus Largier (Bibliothek des Mittelalters Band 20), Frankfurt 1993.

Merton, Thomas, Christliche Kontemplation. Ein radikaler Weg der Gottessuche, München 2010.

Metzdorf, Justina, Das »Auge Gottes« in den Psalmen, in: Internationale Katholische Zeitschrift Communio 44 (2015), S. 162–170.

Miller, Bonifaz, Weisung der Väter. Apophthegmata Patrum, Trier 1986.

Münsterschwarzacher Psalter. Die Psalmen, Münsterschwarzach 2003.

Nouwen, Henri J. M., Ich hörte auf die Stille, Freiburg 1982.

Ponte, Ludwig de, Wegweiser für das innere Leben. 1. Band, Regensburg 1913.

Pauli, Judith, Menschsein und Menschwerden nach der geistlichen Lehre des Dorotheus von Gaza, St. Ottilien 1998.

Pflüger, Frido, Gottesbegegnung am Eingang des Zeltes, in: Tobias Kessler, Migration als Ort der Theologie, Regensburg 2014, S. 23–34.

Popp, Friederike Immanuela, Bedrängt und unendlich geborgen. Begegnungen mit Etty Hillesum, Münsterschwarzach 2014.

Rahner, Hugo, Die Gottesgeburt. Die Lehre der Kirchenväter von der Geburt Christi aus dem Herzen der Kirche und der Gläubigen, in: Rahner, Hugo, Symbole der Kirche, Salzburg 1964, S. 87.

Rahner, Karl, Vom Lachen und Weinen des Christen, in: Geist und Leben 24 (1951), S. 11–17.

Rahner, Karl, Von der Unbegreiflichkeit Gottes. Erfahrungen eines katholischen Theologen, Freiburg 2005.

Regula Benedicti – Die Benediktusregel. Lateinisch/Deutsch, herausgegeben im Auftrag der Salzburger Äbtekonferenz. 4. Auflage, Beuron 2005 (zitiert als: RB).

Ruppert, Fidelis, Meditatio – Ruminatio. Zu einem Grundbegriff christlicher Meditation, in: Erbe und Auftrag 53 (1977), S. 83–93.

Ruppert, Fidelis, Geistlich kämpfen lernen. Benediktinische Lebenskunst für den Alltag, Münsterschwarzach 2012.

Ruppert, Fidelis, Älter werden – weiterwachsen, Münsterschwarzach 2013.

Ruppert, Fidelis, Geistlicher Umgang mit dem inneren Chaos. Erfahrungen aus dem frühen Mönchtum, in: Linus Eibicht u. a. (Hg.), Im Chaos Ordnung finden – Impulse aus der Tradition der Mönche, Münsterschwarzach 2014, S. 33–46.

Ruppert, Fidelis, Ambidexter – doppelt-rechtshändig. Ein Modell für den geistlichen Kampf bei Johannes Cassian, in: Erbe und Auftrag 91 (2015), S. 137–146.

Saldern, Friedrich-Christoph von, Als verwundeter deutscher Soldat im Neurologischen Lazarett Münsterschwarzach, in: Franziskus Büll (Hg.), Magna Gratulatio. 1200 Jahre benediktinische Mönchsgemeinschaft von Münsterschwarzach 816–2016 (Münsterschwarzacher Studien Band 55), Münsterschwarzach 2016.

Scheele, Paul-Werner, Du bist unser alles. Altirische Gebete, Würzburg 1989.

Schmitt, Eric-Emmanuel, Das Evangelium nach Pilatus, Zürich 2005.

Schmöle, Klaus, Die Fraglichkeit des Betens und Antworten der Kirchenväter, in: Geist und Leben 46 (1973), S. 446–459.

Schöttler, Heinz-Günther, »Er müsste einen Namen haben, der wie eine Frage klingt«. Gott-Suche als Gestalt des Glaubens, in: Bibel und Liturgie 78 (2005), S. 164–174.

Schöttler, Heinz-Günther, Die Anklage Gottes als Krisenintervention. Eine erlittene Exilstheologie Israels, in: Theologische Quartalschrift 185 (2005), S. 158–181.

Schutz, Roger, Ein Fest ohne Ende, Freiburg 1974.

Schwienhorst-Schönberger, Ludger, Gott als Mutter?, in: Internationale Katholische Zeitschrift Communio 44 (2015), S. 3–21.

Sieben, Hermann Josef, Athanasius über den Psalter. Analyse seines Briefes an Marcellinus, in: Theologie und Philosophie 48 (1973), S. 157–173.

Sieben, Hermann Josef, Athanasius von Alexandrien, Brief an Marcellinus, in: Sieben, Hermann Josef, Ausgestreckt nach dem, was vor mir ist. Geistliche Texte von Origenes bis Johannes Climacus, Trier 1998, S. 143–179.

Sölle, Dorothee, Psalmen essen, in: Sölle, Dorothee, Das Lesebuch, herausgegeben von Ursula Baltz-Otto, Stuttgart 2004, S. 54–57.

Steffensky, Fulbert, Heimathöhle Religion. Ein Gastrecht für widersprüchliche Gedanken, Stuttgart 2015.

Strässle, Thomas, Gelassenheit. Über eine andere Haltung zur Welt, München 2013.

Wagner, Marie Madeleine, Mit Worten des Krieges um Frieden bitten? Annäherungen an die Psalmen als Gebete für den Frieden, in: Geist und Leben 87 (2014), S. 221–231.

Zenger, Erich, Stuttgarter Psalter. Mit Einleitungen und Kurzkommentaren, Stuttgart 2005.

Zink, Jörg, Gespräche mit dem dunklen Gott, Eschbach 1983.

Anmerkungen

1 Deutsche Übersetzung bei Hermann Josef Sieben, Athanasius von Alexandrien. Brief an Marcellinus, S. 147–179.

2 Ebd., S. 158.

3 Vgl. zu diesem Verständnis des Psalmensingens auch die kommentierenden Ausführungen ebd. S. 144–146, außerdem: Ders., Athanasius über den Psalter, passim; Thomas Böhm, Athanasius, An Marcellinus. Der Psalter als Mitte des Lebens der Kirche.

4 Noch Martin Luther sieht das so. In seiner Einleitung zur deutschen Übersetzung der Psalmen sagt er, in den Psalmen könne man »das rechte Gnotiseauton« finden. Zitiert bei Hermann Josef Sieben, Athanasius über den Psalter, S. 164, Anm. 27. Martin Luther bezieht sich hier auf das »Erkenne dich selbst!« der klassischen griechischen Philosophie.

5 Zu dieser Methode vgl. Fidelis Ruppert, Geistlicher Umgang mit dem inneren Chaos. Erfahrungen aus dem frühen Mönchtum.

6 Anselm Grün; Meinrad Dufner, Spiritualität von unten, S. 33.

7 Vgl. Fidelis Ruppert, Geistlich kämpfen lernen, passim. Dort wird die Praxis des geistlichen Kampfes in der Tradition der frühen Mönche dargelegt und auf heutige Situationen angewendet.

8 Vgl. Jane Geddes, Der Albani-Psalter; Monika Lawry, Gottesfurcht und Leidenschaft. Ein Blick in den Albani-Psalter.

9 Monika Lawry, Gottesfurcht und Leidenschaft, S. 295.

10 Jane Geddes, Der Albani-Psalter, S. 132.

11 Bhagavad Gita. Mit einem spirituellen Kommentar von Bede Griffiths.

12 Ebd., S. 23.

13 Judith Pauli, Menschsein und Menschwerden nach der geistlichen Lehre des Dorotheus von Gaza, S. 121.

14 Ebd.

15 Vgl. die Beispiele ebd.

16 Marie Madeleine Wagner, Mit Worten des Krieges um Frieden bitten? Annäherungen an die Psalmen als Gebete für den Frieden, S. 230, Anm. 22. Patriarch Athenagoras hat auch 1964 zusammen mit Papst Paul VI. einen entscheidenden Schritt zur Versöhnung von Ostkirche und Westkirche gewagt.

17 Peter Heine, Der Tod im großen und kleinen Jihad, S. 371.

18 Als Textgrundlage wird hier immer der »Münsterschwarzacher Psalter« verwendet. Wo es sinnvoll erscheint, wird der Text auch mit anderen Psalmenübersetzungen in Beziehung gesetzt, um die jeweilige Textstelle noch besser zu verstehen.

19 Dorothee Sölle, Das Lesebuch, S. 54f.

20 Vgl. dazu Theresia Heither, Schöpfen aus dem Brunnen, S. 143f.

21 Ebd., S. 167f.

22 Vgl. den entsprechenden Text in: Fidelis Ruppert, Meditatio – Ruminatio, S. 85. Vgl. auch Fidelis Ruppert, Geistlich kämpfen lernen, S. 60–75.

23 Wilhelm Bruners, Verabschiede die Nacht, S. 27.

24 Thomas Halik, All meine Wege sind DIR vertraut, S.113.

25 Bonifaz Miller, Weisung der Väter, S. 233f (Poimen 111).

26 Der Stuttgarter Psalter ist eine lateinische Handschrift, die die 150 Psalmen enthält. Sie entstand im 9. Jahrhundert in einem Benediktinerkloster bei Paris und liegt heute in der Württembergischen Landesbibliothek in Stuttgart, wo sie auch per Internet zugänglich ist und mit all ihren Illustrationen angesehen werden kann. Sie ist mit über 300 Illustrationen ausgeschmückt, die den jeweiligen Text und den entsprechenden Gebetsvorgang plastisch veranschaulichen.

27 Über dieses Wachsen anhand von Baumzitaten aus dem Psalmen und entsprechenden Illustrationen im Stuttgarter Psalter vgl. Johanna Domek, Vom Wachsen und Weiterwachsen.

28 In diesem Sinn hat auch der oben in der Einleitung erwähnte Albani-Psalter aus dem 12. Jahrhundert unmittelbar vor Psalm 1 eine kleine Abhandlung über den geistlichen Kampf gestellt, gleichsam als Anleitung für den Gebrauch der Psalmen.

29 Ich folge hier der Deutung des Bildes von Hildegard König, Vom Glück des schwarzen Schafes. Zu einer Initiale aus dem Engelberger Psalterium von 1330.

30 Ebd., S. 425.

31 Ebd.

32 Michael Casey, Wahrhaftig leben, S. 155.

33 Ebd., S. 155f.

34 Es lohnt sich, die weiteren Ausführungen von Michael Casey nachzulesen, der diesen Text und verwandte Stellen nach verschiedenen Seiten hin abklopft und erläutert, besonders S. 153–171.

35 Vgl. ebd., S. 157f.

36 Ebd., S. 158.

37 Ebd.

38 Martin Buber, Werke 3.Teil, S. 546.

39 Dabei geht es nicht um die damit verbundenen dogmatischen Fragen in Bezug auf die Person Jesu, sondern um seine Bedeutung für das geistliche Leben der Christen.

40 Vgl. zu den folgenden Ausführungen: Hugo Rahner, Die Gottesgeburt. Die Lehre der Kirchenväter von der Geburt Christi aus dem Herzen der Kirche und der Gläubigen.

41 Ebd., S. 29f (eigene Übersetzung des lateinischen Textes).

42 Vgl. ebd., S. 29–33.

43 Vgl. ebd., S. 34, Anm. 34.

44 Pirmin Hugger hat in seinem Beitrag »Der Tod des Königs Josia: Eine Passionsbetrachtung« ein ähnliches Schicksal des Königs Josia von Juda mit dem Todesschicksal Jesu verglichen.

45 Eric-Emmanuel Schmitt, Das Evangelium nach Pilatus, S. 78.

46 Vgl. dazu das Kapitel »Das Unmögliche und Unerträgliche«, in: Fidelis Ruppert, Geistlich kämpfen lernen, S. 134–140.

47 Vgl. die Zitate in Josef Joffe, Mach dich nicht so klein, du bist nicht so groß! Der jüdische Humor als Weisheit, Witz und Waffe, S. 54.

48 Vgl. Evagrius Ponticus, Die große Widerrede, S. 100 (Kap. 4,28).

49 Karl Rahner, Vom Lachen und Weinen des Christen, S. 13.

50 Klaus-Peter Hertzsch, Der ganze Fisch war voll Gesang, S. 53.

51 Vgl. das Kapitel »Humor als Waffe«, in: Fidelis Ruppert, Geistlich kämpfen lernen, S. 90–96. Ebenso Anselm Grün; Meinrad Dufner, Spiritualität von unten, S. 115–123 (»Demut und Humor als Grundzüge christlicher Existenz«).

52 Meister Eckhart, Predigten und Schriften, S. 171 und 55.

53 Vgl. Meister Eckehart, Deutsche Predigten und Traktate, S. 172 und 263.

54 Tony Hendra, Father Joe, S. 134.

55 Meister Eckehart, Deutsche Predigten und Traktate, S. 163; vgl. auch S. 172 und 161.

56 Meister Eckhart, Predigten und Schriften, S. 46.

57 Vgl. Hugo Rahner, Die Gottesgeburt, S. 16f.

58 Vgl. Jesaja 49,14f; 66,13 und öfter.

59 Eine ausgezeichnete Analyse der Texte über die Bezeichnung Gottes als Vater oder Mutter im Alten Testament und über mögliche theologische Konsequenzen daraus findet sich bei Ludger Schwienhorst-Schönberger, Gott als Mutter?

60 Vgl. ebd., S. 21, Anm. 29.

61 Bibel in gerechter Sprache, S. 1042.

62 Der Kampf des Messiaskönigs gegen die feindlichen Mächte, der in diesem Psalm noch beschrieben wird, kann im Sinne einer geistlichen Deutung auf die inneren Auseinandersetzungen des geistlichen Kampfes verstanden werden. Christus ist dann der eigentliche Kämpfer, auf den wir uns in

diesem inneren Kampf verlassen können. Vgl. dazu den Abschnitt »Wer ist der eigentliche Kämpfer?«, in: Fidelis Ruppert, Geistlich kämpfen lernen, S. 19–25.

63 Paul-Werner Scheele, Du bist unser alles, S. 62. Vgl. zu diesem Text auch die Erläuterungen in: Fidelis Ruppert, Geistlich kämpfen lernen, S. 119–121.

64 Georg Braulik, Psalmen beten mit dem Benediktinischen Antiphonale, S. 117f.

65 Psalm 3 wird nach unserer derzeitigen Psalmenordnung nicht mehr am Beginn jedes Tages gebetet, aber die bisherigen Erläuterungen zeigen, dass er mit den erwähnten Bildern und Texten nach wie vor das tägliche Auf(er)-stehen prägen kann.

66 Roger Schutz, Ein Fest ohne Ende, S. 95f.

67 Ebd., S. 97.

68 Gotteslob, S. 521, Nr. 472.

69 Hildegund Keul, Auferstehung als Lebenskunst. Was das Christentum auszeichnet.

70 Ebd., S. 11f.

71 Ebd., S. 126f.

72 Christian Herwartz, Brennende Gegenwart – Exerzitien auf der Straße.

73 Christian Herwartz, Dem Auferstandenen heute begegnen, S. 254.

74 Ebd., S. 260.

75 Roger Schutz, Ein Fest ohne Ende, S. 93.

76 Stuttgarter Psalter, S. 58.

77 Vgl. Stuttgarter Psalter, S. 357.

78 Vgl. ebd.

79 Vgl. zu diesem Bild auch Jörg Zink, Gespräche mit dem dunklen Gott, S. 75f.

80 Bonifaz Miller, Weisung der Väter, S. 77 (Daniel 5).

81 Vgl. Wegweiser für das innere Leben, 1. Band, S. 137–140.

82 Natürlich gibt es auch das regressive Festhalten an frühkindlichen Verhaltensmustern, etwa dem Bedürfnis nach Sicherheit und Gefüttertwerden. Deshalb wird in der Tradition immer wieder darauf hingewiesen, dass wir von all diesen Mustern und Leidenschaften entwöhnt werden müssen, oder – im günstigen Fall – uns selbst rechtzeitig davon entwöhnen. Vgl. dazu Fidelis Ruppert, Älter werden – weiterwachsen, S. 87–92.

83 Mitch Albom, Dienstags bei Morrie, S. 134f.

84 Zu dieser Übersetzung – im Gegensatz zur Einheitsübersetzung – vgl. Erich Zenger, Stuttgarter Psalter, S. 61.

85 Ebd., S. 58.

86 Ebd., S. 61.

87 Vgl. die Hinweise bei Georg Braulik, Psalmen beten mit dem Benediktinischen Antiphonale, S. 115;117f.

88 Psalm 30 wird nach unserer Psalmenordnung sowohl in der Vesper des Karsamstags gesungen als auch in den Laudes des Ostermorgens, also »am Abend (noch) Weinen, am Morgen Jubel«.

89 Vgl. oben das Kapitel »Auferstehung als Lebenskunst«.

90 Vgl. die Ausführungen zu diesem Bild bei Fidelis Ruppert, Geistlich kämpfen lernen, S. 109–111.

91 Thomas Merton, Christliche Kontemplation. Ein radikaler Weg der Gottessuche, S. 86f.

92 Evagrios Pontikos, Der Praktikos, S. 103 (Kapitel 14).

93 Vgl. dazu den hervorragenden Kommentar von Michael Casey, Wahrhaftig leben. Die Lehre des heiligen Benedikt über die Demut.

94 Vgl. Evagrius Ponticus, Die große Widerrede, S. 130 (Kap. 6,9).

95 Erich Zenger, Stuttgarter Psalter, S. 58.

96 Etty Hillesum, Das denkende Herz der Baracke, S. 156f.

97 Ebd, S. 155.

98 Bonifaz Miller, Weisung der Väter, S. 239 (Poimen 140).

99 Ebd., S. 129 (Isidor 7).

100 Zum Umgang mit dem Zorn im frühen Mönchtum vgl. Fidelis Ruppert, Geistlich kämpfen lernen, S. 152–159.

101 Vgl. Bonifaz Miller, Weisung der Väter, S. 135f (Joseph von Panepho 3).

102 Vgl. Fidelis Ruppert, Geistlich kämpfen, S. 60f.

103 Etty Hillesum, Das denkende Herz der Baracke, S. 154.

104 Ebd., S. 154f.

105 Ebd., S. 81.

106 Friederike Immanuela Popp, Bedrängt und unendlich geborgen. Begegnungen mit Etty Hillesum, S. 120.

107 Justina Metzdorf, Das »Auge Gottes« in den Psalmen, S. 162f.

108 Matthias Kroeger, Über die Kostbarkeit von Mut und Klarheit, S. 148.

109 Aus dem Begleittext zum Film auf S. 21.

110 Johannes Mahr beschreibt diesen Text und die weiteren Zusammenhänge im 4. Band von »Schwarz aber schön. Die Abtei Münsterschwarzach im 20. Jahrhundert. 4. Band: Unrecht und Gnade der Aufhebung«.

111 Vgl. Friedrich-Christoph von Saldern, Als verwundeter deutscher Soldat im Neurologischen Lazarett Münsterschwarzach. Auch zu diesem Bild und der Situation im Lazarett finden sich weitere Ausführungen bei Johannes Mahr (siehe Fußnote 110).

112 Vgl. zu diesem Schauen die Ausführungen von Justina Metzdorf, Das »Auge Gottes« in den Psalmen, S. 164–167.

113 Ernesto Cardenal, Das Buch von der Liebe, S. 43.

114 Vgl. im »Münsterschwarzacher Psalter« zum jeweiligen Psalm.

115 Erich Zenger, Stuttgarter Psalter, S. 155.

116 Vgl. Dorothee Sölle, Psalmen essen, S. 54f.

117 Erich Zenger, Stuttgarter Psalter, S. 156.

118 Vgl. Daniel 3,1–100.

119 Bonifaz Miller, Weisung der Väter, S. 397 (Nr. 1150).

120 Klaus Schmöle, Die Fraglichkeit des Betens, S. 455.

121 Dieser Text, zusammen mit einer historischen und inhaltlichen Deutung, findet sich bei Günter Balders, Jesu, meine Freude.

122 Hilde Domin, Gesammelte Gedichte, S. 117.

123 Vgl. zum Beispiel Psalm 5,8; 13,6; 22,4.7; 31,15.23; 52,10; 69,14.30.

124 Reinhard Deichgräber, Nicht umsonst gelebt, S. 10f.

125 Ebd., S. 44.

126 Ebd., S. 48.

127 Vgl. ebd., S. 49–51.

128 Ulrich Berges, Schweigen ist Silber – Klagen ist Gold, S. 9.

129 Zitiert ebd., S. 40f.

130 Wohl aber gab es durchaus die Meinung, dass alles Zufall sei: Weisheit 2,2: »Durch Zufall sind wir geworden, und danach werden wir sein, als wären wir nie gewesen. Der Atem in unserer Nase ist Rauch, und das Denken ist ein Funke, der vom Schlag des Herzens entfacht wird.«

131 Fulbert Steffensky, Heimathöhle Religion, S. 17.

132 Heinz-Günther Schöttler, Er müsste einen Namen haben, der wie eine Frage klingt, S. 164.

133 Karl Rahner, Von der Unbegreiflichkeit Gottes, S. 27.

134 Fulbert Steffensky, Heimathöhle Religion, S. 16.

135 Heinz-Günther Schöttler, Die Anklage Gottes als Krisenintervention, S. 174.

136 Ebd., S. 176.

137 Frido Pflüger, Gottesbegegnung am Eingang des Zeltes, S. 30f.

138 Kurt Marti, Heilige Vergänglichkeit. Spätsätze, S. 27.

139 Athanasius von Alexandrien, Leben des heiligen Antonius, Kap. 9.

140 Kurt Marti, DU. Rühmungen, S. 39.

141 Vgl. die vielfältigen Aspekte dieses Bildes bei Justina Metzdorf, Das »Auge Gottes« in den Psalmen, bes. S. 163–169.

[142] Zur Praxis dieser Imagination von Gottes Antlitz vgl. Fidelis Ruppert, Geistlich kämpfen lernen, S. 109–111.

[143] Viktor E. Frankl, … trotzdem Ja zum Leben sagen, S. 65f.

[144] Zitiert bei Corona Bamberg, Gebet – Begegnung mit Gott?, S. 419f.

[145] Ebd., S. 420.

[146] Vgl. oben das Kapitel »Mutterbrust lehrt Gottvertrauen«.

[147] Die ikonographischen und tiefenpsychologischen Aspekte einer solchen Anna Selbdritt sollen hier nicht weiter bedacht werden.

[148] In der Geschichte der Religionen begegnet oft die Große Mutter als eine göttliche Gestalt.

[149] Vgl. dazu Georg Braulik, Psalmen beten mit dem Benediktinischen Antiphonale, S. 81–83.

[150] Erich Zenger, Stuttgarter Psalter, S. 73.

[151] Henri J. M. Nouwen, Ich hörte auf die Stille, S. 199.

[152] Thomas Strässle, Gelassenheit. Über eine andere Haltung zur Welt, S. 37f.

[153] Vgl. ebd., S. 19–21.

[154] Ebd., S. 21.

[155] Ebd., S. 43.

[156] Meister Eckehart, Deutsche Predigten und Traktate, S. 324.

[157] Meister Eckhart, Deutsche Werke I, S. 145.

[158] Vgl. zum Wachsen an der Freude ebenso wie am Leiden die Ausführungen bei Fidelis Ruppert, Ambidexter – doppelt-rechtshändig. Ein Modell für den geistlichen Kampf bei Johannes Cassian.